CB045587

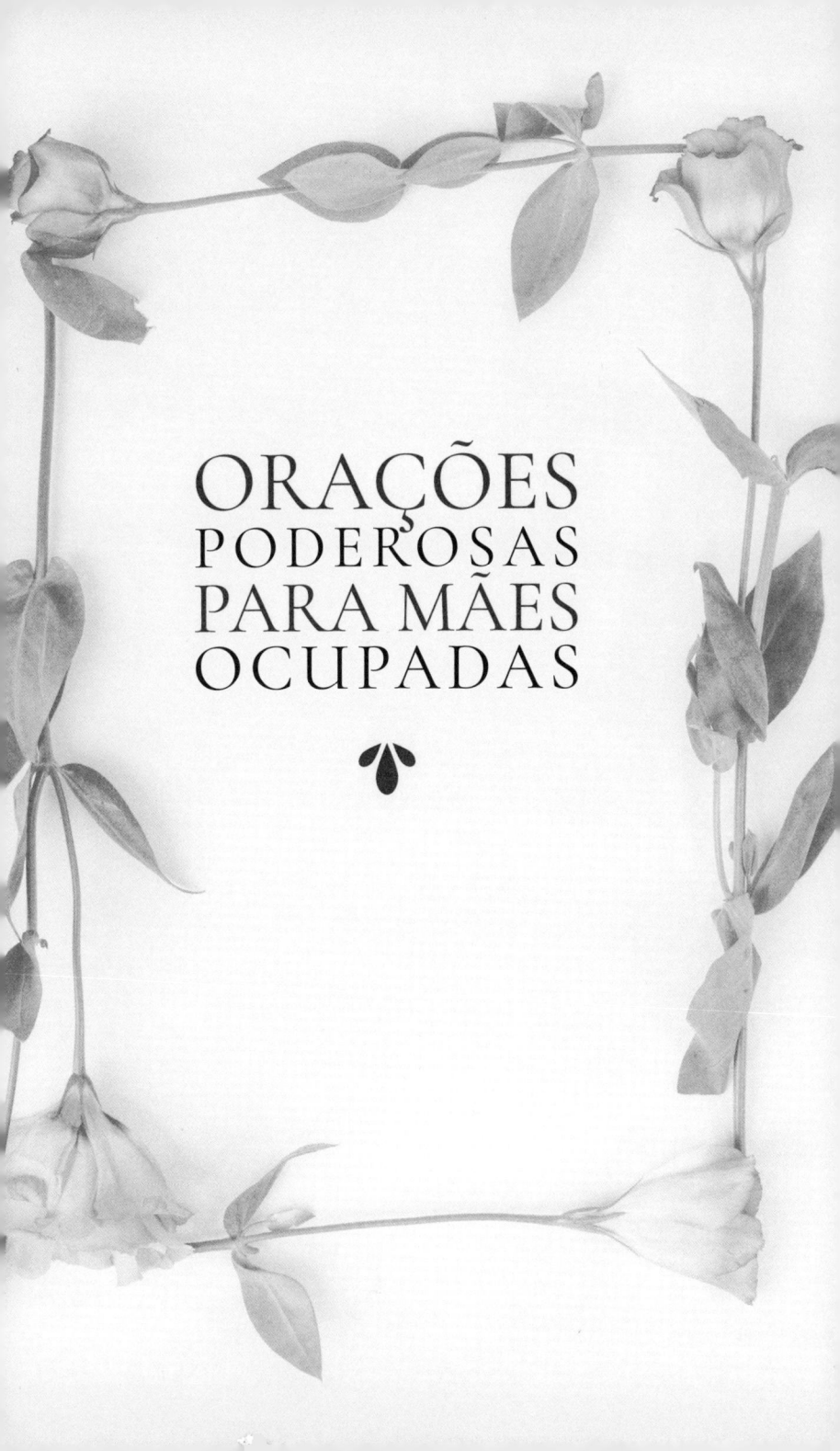

ORAÇÕES
PODEROSAS
PARA MÃES
OCUPADAS

Mary Carver

ORAÇÕES PODEROSAS PARA MÃES OCUPADAS

50
mensagens inspiradoras para todos os tipos de problema

NOVO CÉU

Título original: *Prayers from the Parking Lot*

Copyright © 2022 by Mary Carver

Originalmente publicado por Revell, uma divisão da editora
BAKER PUBLISHING GROUP.

Direitos de edição da obra em língua portuguesa no Brasil adquiridos pela NOVO CÉU, um selo da EDITORA NOVA FRONTEIRA PARTICIPAÇÕES S.A. Todos os direitos reservados. Nenhuma parte desta obra pode ser apropriada e estocada em sistema de
banco de dados ou processo similar, em qualquer forma ou meio, seja eletrônico, de fotocópia, gravação etc., sem a permissão
do detentor do copirraite.

EDITORA NOVA FRONTEIRA PARTICIPAÇÕES S.A
Avenida Rio Branco, 115 — Salas 1201 a 1205 — Centro — 20040-004
Rio de Janeiro — RJ — Brasil
Tel.: (21) 3882-8200

Foto da autora: Divulgação/Baker

DADOS INTERNACIONAIS DE CATALOGAÇÃO NA PUBLICAÇÃO (CIP)

C331o   Carver, Mary

      Orações poderosas para mães ocupadas: 30 mensagens inspiradoras para todos os tipos de problema / Mary Carver; traduzido por Sérgio de Souza. – Rio de Janeiro : Novo Céu, 2024.

      144 p. ; 13,5 x 20,8 cm

      Título original: Prayers from the Parking Lot

      ISBN: 978-65-84786-16-5

      1. Virtudes e valores – cristianismo. I. Souza, Sérgio de. II. Título.

                                             CDD: 220
                                             CDU: 270

André Felipe de Moraes Queiroz – Bibliotecário – CRB-4/2242

CONHEÇA OUTROS
LIVROS DA EDITORA
NOVO CÉU

Para Annalyn e Adrienne

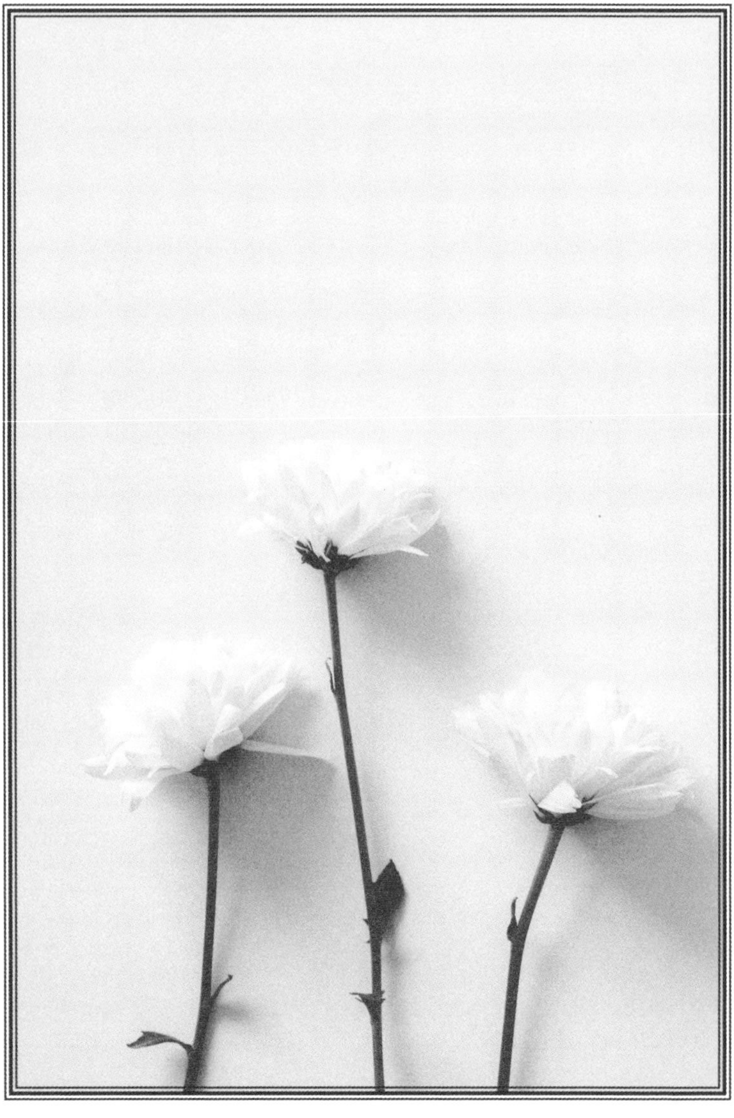

Sumário

Introdução • 13

Apertem os cintos!

1. Quando é preciso pedir direção • 17

2. Quando a preocupação não funciona • 21

3. Quando a coragem acompanha o crescimento dos filhos • 23

4. Quando é preciso ser gentil • 25

5. Quando você se pergunta: "Isso é normal?" • 27

6. Quando é só uma fase (e quando não é) • 29

7. Quando a escola é um desafio • 31

8. Quando você tem medo de não ser suficiente • 33

9. Quando há pratos demais para equilibrar • 35

10. Quando a internet apavora • 37

Presa no engarrafamento

11. Quando as palavras machucam • 41

12. Quando é difícil confiar em Deus • 43

13. Quando seus filhos são o alvo • 45

14. Quando precisamos da providência divina • 47

15. Quando é necessário proteger nossos filhos de armadilhas • 49

16. Quando a tentação se infiltra • 51

17. Quando é hora de levantar a voz • 53

18. Quando o coração precisa de consolo • 55

19. Quando é preciso limitar o tempo de tela • 57

20. Quando nossos filhos se ferem • 59

Não me faça parar!

21. Quando é difícil sentir-se grata • 63

22. Quando eles não se dão bem • 65

23. Quando eles esquecem que foram feitos à imagem de Deus • 67

24. Quando a internet nos desafia • 69

25. Quando a hospitalidade ganha um novo sentido • 71

26. Quando eles precisam ser lembrados de que a bondade faz diferença • 73

27. Quando é preciso pedir e receber perdão • 77

28. Quando a ansiedade ataca • 79

29. Quando falamos o que não devemos • 81

30. Quando só sabemos resmungar e reclamar • 83

Perdendo o gás

31. Quando o pisca-alerta acende • 87

32. Quando você se pergunta qual é o melhor trabalho • 91

33. Quando a crítica abafa o cuidado • 93

34. Quando você encontra parceria na criação dos filhos • 95

35. Quando é preciso escolher as batalhas • 99

36. Quando a preocupação é a primeira reação • 101

37. Quando a maternidade cansa • 103

38. Quando você chega à exaustão • 105

39. Quando a raiva vence • 107

40. Quando você precisa de uma amiga • 109

Mudar de marcha e de faixa

41. Quando é preciso escolher a escola dos filhos • 113

42. Quando eles precisam de amigos • 115

43. Quando seus filhos se machucam • 117

44. Quando você é grata pelos professores • 119

45. Quando eles têm personalidades únicas • 123

46. Quando você precisa se lembrar de que Deus está sempre presente • 125

47. Quando eles escolhem seus mentores • 129

48. Quando você pensa no futuro • 131

49. Quando você precisa recuar • 133

50. Quando é hora de deixar partir • 137

Uma última observação • 141

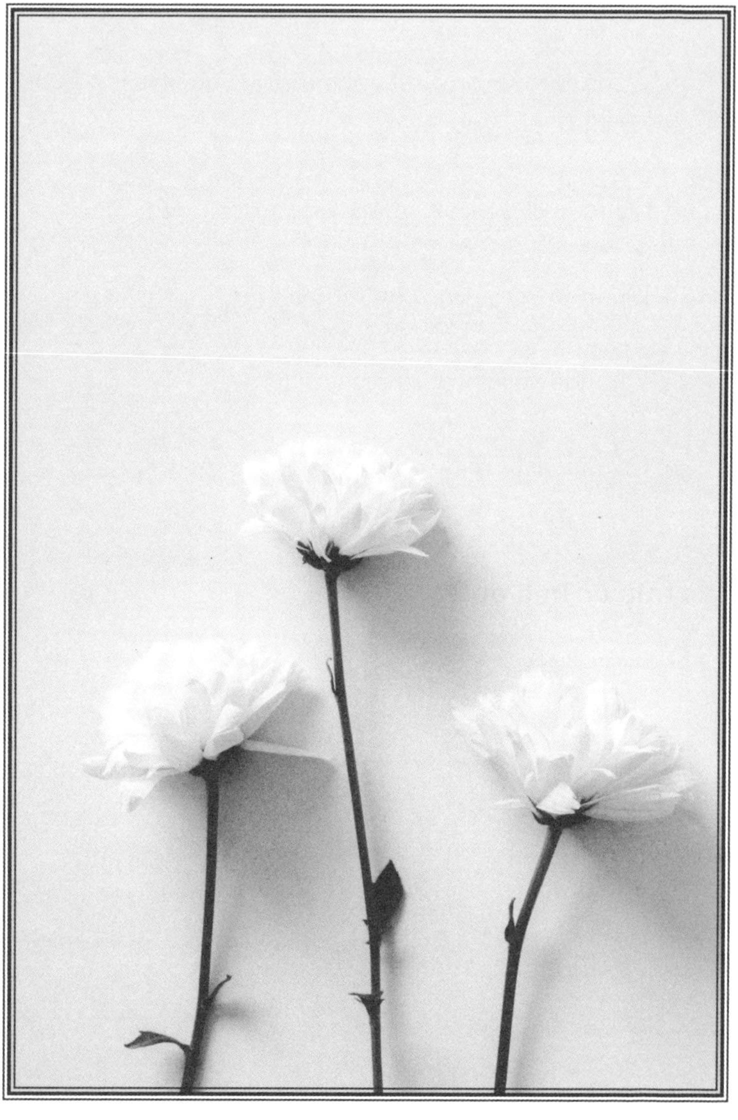

Introdução

Olá, mamãe,

Como você está? Se você é parecida comigo, provavelmente está atarefada a ponto de se sentir sobrecarregada e exausta. Talvez esteja preocupada e até ansiosa por causa dos seus filhos. E com certeza não está procurando mais itens para colocar em sua lista de tarefas (na verdade, deve se sentir culpada por nunca conseguir terminar essa lista). É possível que você esteja fugindo um pouco das crianças e da lista, desesperada por alguns minutos para si mesma enquanto espera que a aula de piano, artes marciais ou consulta de fonoaudiologia terminem.

Você não está sozinha. Bem, pode até ser que esteja sozinha em seu carro (ou em outro esconderijo), mas não está sozinha quando se trata de sobrecarga ou exaustão. Estou aqui para ouvir você. Sei o que você está passando.

Esse sentimento — que nos faz demorar mais

um minutinho no banco do motorista antes de levar as compras para dentro de casa, combinado com várias coisas que o mundo joga sobre nós todos os dias — é o motivo pelo qual sou grata pelo dom da oração. Sou grata a um Deus que nos recebe de braços abertos toda vez que nos voltamos para ele. Mais do que isso, sou grata por ele desejar nossa versão verdadeira, não uma pessoa limpa, organizada e irreal que, muitas vezes, achamos que devemos ser.

Nada disso. Ele nos quer exatamente do jeito que somos, em qualquer lugar em que estejamos (até mesmo no estacionamento de um supermercado ou shopping!). Deus vai nos escutar quando estivermos preocupadas, com medo, cansadas ou cegas pelo orgulho. Ele deseja que estejamos por perto, quer estejamos muito bem-vestidas ou de rabo de cavalo e usando a mesma *legging* há três dias. Deus nos ama independentemente da fase ou do estágio da maternidade em que nos encontramos, e espera que recorramos a ele em nosso dia a dia, nos melhores momentos e nos dias mais complicados. Com o cabelo despenteado, o carro bagunçado, de qualquer jeito.

Quando puder, reserve um minuto para respirar fundo e deixe que as breves orações deste livro a guiem para Deus.

Pode ser que você esteja se escondendo no banheiro, dobrando uma pilha de roupa ou atrasada para buscar seu filho no treino de futebol, mas não importa: reserve alguns momentos para si mesma. Pegue os fardos e as bênçãos, as preocupações e as maravilhas da maternidade e leve-os até Deus. Ele está te esperando em todos os lugares!

Com amor, de uma companheira de jornada (e aventura!),

— *Mary*

Apertem os cintos!

Hoje, durante o jogo de basquete da minha filha, um homem veio falar comigo:
— Oi, eu sou o Nick, pai da Millie.
Respondi:
— Oi, sou a Mary, pai da Adrienne.
Digo isso caso alguém tenha alguma dúvida a respeito de quanto o último ano e meio afetou minhas habilidades sociais.

1

Quando é preciso pedir direção

> *Se algum de vocês tem falta de sabedoria, peça-a a Deus, que a todos dá livremente, de boa vontade; e lhe será concedida.*
>
> TIAGO 1:5

Quando nossos filhos são pequenos, encontramos diversas respostas (ou, pelo menos, opiniões) sobre nossas questões parentais mais urgentes. Nesse estágio, a dica é discernir quais respostas são realmente adequadas e evitar as armadilhas geradas por informações falsas ou conselhos inúteis. Mas, à medida que nossos filhos crescem, essas muitas orientações vão desaparecendo. Então, um dia, acordamos e de repente nos deparamos com seres humanos completos e cheios de hormônios — e percebemos que não sabemos como ajudá-los a passar pelas mudanças de status social, a lidar com as frustrações, decepções e até mesmo com o dever de casa. Embora haja muitas dicas que nos ajudam a administrar as horas de sono de uma criança pequena ou do uso do *troninho*, guias com instruções para crianças mais velhas são uma verdadeira raridade. Felizmente, a sabedoria de Deus se aplica a todas as idades, e quando lhe pedimos, ele sempre orienta o nosso caminho em direção ao entendimento e ao conhecimento.

Nenhuma de nós recebe um guia ou um manual de instruções ao se tornar mãe. No entanto, desde o dia em que nossos filhos adentram nossas casas até o dia em que se mudam definitivamente, somos bombardeadas por questionamentos que causam muita confusão. Mentores, grupos de mães e matérias de revistas podem responder a algumas de nossas dúvidas corriqueiras, mas somente o Senhor pode oferecer a sabedoria duradoura e vivificante de que precisamos. Apoiando-nos nele, teremos uma direção a seguir, assim como a paz de espírito que vem da certeza de estarmos fazendo o melhor que podemos para aqueles que estão sob nossos cuidados.

Senhor, eu preciso de ti. Quando pensei que tinha resolvido algumas coisas, de repente tudo mudou e me encontro novamente perdida. Não sei como criar uma criança dessa idade. Não sei como ajudar, proteger e garantir que ela saiba que é amada. O que faço? Por favor, conduza-me. Conceda-me aquela sabedoria que tu ofereces nas Escrituras; mostra-

-me o que ler e como me portar através das tuas palavras. Eu sei que tu estás nos bastidores, fazendo com que tudo aconteça para o nosso bem e para a tua glória. E eu quero fazer parte disso. Quero trabalhar contigo e fazer sempre o melhor para os meus filhos. Por favor, Senhor, dá-me sabedoria. Dá-me lucidez e confiança em tudo que ouço de ti. Mostra-me o que fazer. Obrigada. Amém.

2
Quando a preocupação não funciona

*Não andem ansiosos por coisa alguma,
mas em tudo, pela oração e súplicas,
e com ação de graças, apresentem
seus pedidos a Deus. E a paz de Deus,
que excede todo o entendimento, guardará os
seus corações e as suas mentes em Cristo Jesus.*

FILIPENSES 4:6-7

Quando meus filhos eram pequenos (e até quando não eram tão novinhos, confesso), devorei todas as histórias e conselhos a respeito de tudo que poderia dar errado na vida de uma criança. Todas as doenças raras e todas as coisas que poderia lhes fazer mal — só assim eu poderia me preparar e talvez até impedir que elas acontecessem com minha família, se eu me esforçasse o suficiente. Meu marido balançava a cabeça e se perguntava em voz alta se aquilo não era um jeito que arrumei de me dar mais trabalho e estresse. Mas eu insistia: a única maneira de evitar uma fatalidade era aumentar a lista de possíveis problemas.

Um dia, percebi que não importava quão longa fosse a lista de medos, ela seria infindável, ainda que meu esforço fosse exaustivo. E mesmo que eu conseguisse me preparar para cada item da lista, não havia nenhuma garantia de que aquelas coisas não atingiriam meus filhos num futuro próximo. Não conseguiria proteger meus filhos apenas com preocupação e força de vontade, embora conhecesse aquele que tem o poder de protegê-los com seu poder e seu amor.

Quando comecei a orar mais por meus filhos e a confiar que Deus iria responder às minhas orações, meu coração finalmente ficou em paz. Colocar os filhos e todas as preocupações a respeito deles nas mãos de Deus é uma escolha que proporciona muito mais tranquilidade ao coração e à mente — mais do que qualquer lista ou precaução poderia oferecer.

Deus, perdoa-me por acreditar que estou no controle e que o bem-estar da minha família depende de mim. Ajuda-me a lembrar de que tu amas meus filhos mais do que posso imaginar, e de que tu podes protegê-los e, ao mesmo tempo, carregar todos os fardos que tenho tentado carregar sozinha. Ajuda-me a confiar em ti e não em mim, recordando-me de todas as vezes que, no passado, o Senhor cuidou de mim para que eu pudesse encontrar paz em ti, e não em uma lista de preocupações que eu tenha elaborado. Quero parar de me preocupar, Senhor. Ajuda-me a prosseguir e a confiar em ti. Amém.

3
Quando a coragem acompanha o crescimento dos filhos

Não fui eu que lhe ordenei? Seja forte e corajoso!
Não se apavore, nem se desanime, pois o Senhor,
o seu Deus, estará com você por onde você andar.

JOSUÉ 1:9

Toda vez que eu levava minha filha ao parque, o escorregador grande causava ansiedade em nós duas. Ela ficava com medo de cair e se machucar como o personagem Humpty Dumpty dos contos de fadas. E eu receava que ela nunca tivesse coragem para realizar grandes feitos. Nós duas exageramos em relação ao brinquedo, e ambas estávamos longe de sermos fortes ou corajosas. Aquela cena se repetiu por muito tempo, até que, um dia, ela simplesmente enfrentou o escorregador. Subiu até o topo e, em vez de se virar e descer, espremida entre as crianças que estavam na escadinha, foi em frente e escorregou!

Pouco tempo depois, nós duas tivemos que enfrentar situações muito maiores e mais assustadoras do que aquela. Acampamentos que eu não podia acompanhar, vigílias na igreja, tirolesa e patinação, ter seu próprio e-mail, encontrar amigos que eu não conhecia... De um dia para o outro, o escorregador não parecia mais tão assustador assim. Da mesma forma que tive certeza de que Deus estaria com ela e a manteria segura no alto daquele brinquedo, ele confirma minha confiança até hoje, quando o temor pela segurança de minha filha volta a me assolar. Eu e ela podemos ser fortes e corajosas, sabendo que Deus está conosco aonde quer que formos.

Deus, estou apavorada. Para ser sincera, temo ao pensar em todas as maneiras pelas quais este mundo pode machucar meus filhos. Mas eu sei que tu me dizes para não temer; tu me dizes para ser corajosa e forte. Não é por acaso que digo a mesma coisa aos meus filhos, mesmo quando estou apavorada. Não quero que cedam ao medo, e sei que tu também não queres isso para mim. Então, Senhor, estou pedindo hoje que me ajudes a confiar a ti a segurança de meus filhos. Enche-me de força e coragem. Lembra-me de que tu estás comigo — e com eles — aonde quer que formos. Amém.

4
Quando é preciso ser gentil

*Sejam completamente humildes
e gentis, e sejam pacientes,
suportando uns aos outros com amor.*

EFÉSIOS 4:2

Se é difícil ser paciente, imagina ser gentil! Tem dias que a gentileza parece impossível. Talvez por causa de um e-mail do chefe no fim do dia pedindo mais um trabalho urgente, de uma criança que esquece uma atividade escolar importante (ou uma lancheira, uma peça do uniforme ou uma autorização) em casa, ou de motoristas imprudentes que nos atrasam justamente quando estamos mais atrasadas. Seja o que for, a vida nos dá diversas oportunidades para perder a paciência e a mansidão.

Mas Deus não nos pediria para sermos gentis e compreensivos se ele também não nos ajudasse a viver esses frutos do Espírito. A Escritura diz que todas as coisas são possíveis para Deus — até mesmo essas virtudes. Precisamos nos voltar para ele todas sempre que nos sentimos pressionadas pelas expectativas prazos, erros e irritações. Devemos olhar para o

Senhor toda vez que sentirmos vontade de revirar os olhos e esbravejar. Vamos pedir a ele que nos ajude a ser humildes, pacientes e gentis.

Senhor, ajuda-me! Ajuda-me a lembrar que não sou a única pessoa no mundo repleta de sentimentos à flor da pele e preocupações, com uma agenda cheia e listas de tarefas. Ajuda-me a enxergar os outros como irmãos e irmãs, e não como obstáculos inconvenientes. Em especial quando se trata de meus filhos, Deus, por favor, dá-me um coração brando e palavras gentis para agir com eles da mesma forma que quero que ajam comigo, e da maneira que tu desejas que eu os trate. Obrigada por me conduzir a agir de modo amoroso, mesmo quando tudo parece tão difícil. Obrigada por me ajudar a ser paciente e gentil. Amém.

5
Quando você se pergunta: "Isso é normal?"

> *Quer você se volte para a*
> *direita quer para a esquerda,*
> *uma voz atrás de você lhe dirá:*
> *"Este é o caminho; siga-o."*
> ISAÍAS 30:21

Nada deixa uma mãe tão paralisada pela dúvida quanto esta pergunta: "Isso é normal?" Esse questionamento gera e intensifica todas as dúvidas e ansiedades que habitam o coração materno. Nós nos perguntamos se é normal que nossos filhos chorem descontroladamente quando os deixamos na escola ou se é normal que eles vão para a escola sem ao menos olhar para trás. (Só para constar, todas as minhas filhas fizeram isso comigo nos primeiros dias no jardim de infância!) Sentir-se insegura a respeito do que é comum, saudável, perigoso, temporário ou daquilo que pode mudar a vida de nossos filhos pode levar uma mãe a exceder seus limites.

Mas e se o "normal" não existisse? Será que não

estamos apenas adotando, junto de nossos filhos, um sistema de padrões equivocado, com base em pesquisas no Google, fóruns de parentalidade e mensagens de texto trocadas tarde da noite com nossos amigos? É preciso lembrar que fomos maravilhosamente criadas — nós e nossos filhos — à imagem perfeita de Deus. E essa é a única resposta de que precisamos quando estamos procurando pelo "normal".

Permita que o Senhor acalme seu coração ansioso ao lembrar que seus filhos são obras-primas divinas, projetadas com uma intenção e para um propósito. Podemos nos apoiar nele enquanto aprendemos a amar, contemplando cada detalhe que ele planejou para nossos filhos.

> *Deus, será que isso é normal? O que meu filho está fazendo é normal? É normal sentir-me assim? Qual o verdadeiro significado de "normal"? Senhor, por favor, ajuda-nos. Ajuda-nos a lembrar que tu criaste nossos filhos (e a nós) de maneira única e maravilhosa. Traze-me paz e capacita-me para confiar em ti em tudo pelo que eu estiver passando. Perdoa-me por ficar ansiosa e ajuda-me a respirar fundo enquanto me lembro de ti, não importa quão incomuns, inesperadas ou "normais" as coisas estejam. Obrigada. Amém.*

6

Quando é só uma fase (e quando não é)

Antes mesmo que a palavra me chegue à língua, tu já a conheces inteiramente, Senhor. Tu me cercas, por trás e pela frente, e pões a tua mão sobre mim. Tal conhecimento é maravilhoso demais e está além do meu alcance, é tão elevado que não o posso atingir. Todos os dias determinados para mim foram escritos no teu livro antes de qualquer deles existir.

SALMOS 139:4-6,16

De todos os comentários inúteis que os pais recebem, a afirmação "é só uma fase" é uma das que menos me agrada. Em primeiro lugar, quando estamos passando por um período difícil, um determinado problema pode parecer interminável, por mais que saibamos que não vai durar para sempre. Bem-intencionado ou não, esse alerta de que nossos sentimentos não estão exatamente de acordo com a realidade pode parecer uma espécie de desdém ou insensibilidade.

Em segundo lugar, como é possível ter certeza de que seus filhos estão enfrentando um desafio passageiro? Como alguém sabe disso? É impossível! Quando estamos no calor do momento, cuidando dos nossos filhos no meio das trincheiras, encarando os dias e tentando tomar as melhores decisões com as informações que temos, simplesmente não temos como saber se a dificuldade que está tirando o nosso sono vai realmente desaparecer. Não sabemos se nossos filhos vão ficar bem ou se vão lidar com determinado problema por toda a vida. Nós não sabemos. Mas Deus sabe.

Deus conhece o caminho e sabe exatamente o que há depois da curva e o que está ainda mais adiante na estrada, e ele estará conosco e com nossos filhos a cada passo.

> *Querido Deus, gostaria de poder fazer todas as minhas perguntas e exigir que fossem respondidas. Será que minha filha fará bons amigos? Será que meu filho terá dificuldades com matemática para sempre? Será que é realmente um problema se eles não entrarem para o time esportivo ou não sejam escalados para a peça de teatro na escola? Será que ela vai ter que lutar contra ansiedade ou algum vício? Será que um dia ele voltará às verdades que lhe ensinamos por todos esses anos? Gostaria de poder saber as respostas agora, mas como não posso, resta-me confiar em ti. Acredito que tu tens um plano para meus filhos, e creio que seja bom. Obrigada, Senhor, por dar-lhes um futuro e por me encher (e a eles!) de esperança. Amém!*

7
Quando a escola é um desafio

É melhor obter sabedoria do que ouro!
É melhor obter entendimento do que prata!
PROVÉRBIOS 16:16

Tenho várias caixas com cartões de estudo em casa. Eu me deparo com eles na sala de jantar, no quarto de hóspedes e, de vez em quando, até no carro. Procuro ser otimista, pensando que vou usá-los com as crianças para ajudá-las a decorar a tabuada, descobrir palavras novas ou tentar aprender a ver as horas no relógio de ponteiro (algo que minhas filhas adoram me lembrar de que não sabem fazer). Mas você sabe o que nunca fazemos? Nunca usamos esses cartões! (Há também uma pilha de apostilas educacionais "divertidas" que comprei para minhas filhas usarem durante o verão desde que começaram na escola.)

Não me interpretem mal. Na verdade, minhas duas filhas adoram ir para a escola, o que me deixa muito grata. Mas isso não significa que não enfrentamos dificuldades (a professora de matemática do ensino fundamental que o diga!). E, para ser sincera, não acho que a escola se tornará mais fácil nos próximos anos. Muitos fatores que envolvem a escola — uma matéria específica, diferentes estilos de aprendizado, o relacionamento com os professores e tantos outros aspectos — sempre vão representar desafios para nossos filhos (e para nós mesmas). No entanto, mesmo quando passamos por bons ou maus bocados na escola, podemos apoiar nossos filhos orando para que eles desejem e busquem conhecimento e um coração sábio à medida que forem amadurecendo.

Deus, obrigada pelas oportunidades de aprendizado que tu ofereces aos meus filhos. Obrigada pela escola e pelos professores. Por favor, dá-lhes um desejo profundo de aprender, Senhor. Dá-lhes um desejo não apenas de assimilar informação, mas de compreensão; não apenas de conhecimento, mas de sabedoria. Mostra-lhes que aquilo que estão aprendendo afeta a vida diária; mostra-lhes como a educação deles se encaixa no "mundo real". Dá-lhes força e perseverança quando a escola for difícil, e novos desafios e problemas para resolver à medida que desenvolvem suas habilidades. Amém.

8

Quando você tem medo de não ser suficiente

> *Pois é Deus quem efetua em vocês tanto o querer quanto o realizar, de acordo com a boa vontade dele.*
>
> FILIPENSES 2:13

Quantas vezes você desaba no sofá logo depois que seus filhos finalmente vão para a cama, exausta e desanimada, convicta de que falhou mais uma vez? Você se pergunta, enquanto as cenas daquele dia passam como um filme diante de seus olhos fatigados: Será que meus filhos não estariam melhor com uma mãe diferente? Talvez uma pessoa mais gentil, criativa, aventureira ou animada. Uma mãe superbacana, igual às das redes sociais, ou aquela mãe paciente e organizada que você vê na igreja enquanto você e seus filhos chegam aos trancos e barrancos, irritados e atrasados, para variar?

Eu passei por isso. Questionei muitas vezes meu jeito e minha capacidade de criar minhas próprias filhas. Mas também ouvi o sussurro reconfortante (ou um clamor vigoroso) me lembrando de que não, minhas filhas não ficariam melhor com uma mãe diferente. Essas palavras ecoam as verdades das Escrituras, em vez das minhas próprias dúvidas e medos. Elas me trazem de volta ao que sinto no mais íntimo de meu coração: Deus não nos concede filhos aleatoriamente, sem motivo, e nem nos deixa perdidos, tropeçando sozinhos neste mundo. Em vez disso, ele está trabalhando em nós e através de nós, de acordo com os bons propósitos que tem para nossa família.

Deus, é fácil acreditar que meus filhos estariam melhor com uma mãe diferente — ou, para ser honesta, eu me pergunto se eu estaria melhor com filhos diferentes. Perdoa-me por duvidar do teu plano, Senhor! Perdoa-me por questionar teu desígnio, tanto para as famílias de modo geral quanto para minha família em particular. E perdoa-me porque falho repetidas vezes. Por favor, ajuda-me a viver teu propósito para a minha vida, e apoia meus filhos enquanto eles fazem o mesmo. Faz de mim a mãe que tu que me criaste para ser: a que eles precisam. Amém!

9
Quando há pratos demais para equilibrar

*Ninguém pode servir a dois senhores;
pois odiará a um e amará o outro,
ou se dedicará a um e desprezará o outro.
Vocês não podem servir a Deus e ao Dinheiro.*

MATEUS 6:24

Nunca conheci uma mãe que não fizesse dez coisas diferentes ao mesmo tempo. Quer recebamos ou não um pagamento por esse trabalho, toda mãe desempenha diversos papéis e administra inúmeras responsabilidades. E não importa qual seja o nosso trabalho, a maioria das mães sente-se dividida em algum momento ao ter de decidir qual item de sua lista de tarefas deve ter prioridade. Estamos todas equilibrando muitos pratos no ar, e podemos nos sentir como se estivéssemos em uma apresentação de circo quando tentamos mantê-los girando. Essa é a dura realidade de nossa vida, mas também é uma oportunidade para as boas novas de Jesus.

O Filho de Deus não veio para tornar a vida mais

complicada — ao contrário, ele tornou tudo muito mais simples. Jesus resumiu todas as regras e responsabilidades a *amar a Deus e amar os outros*. Quando nos concentramos em Deus e damos prioridade ao nosso relacionamento com ele, permitimos que ele nos ajude a dar conta de tudo, colocando as coisas em seu devido lugar, em vez de nos perdermos com um monte de afazeres.

Deus, tenho uma confissão a fazer. Às vezes, quando penso em como devo passar mais tempo contigo ou fazer de ti minha prioridade máxima, sinto-me tão culpada! E então me frustro. Como eu poderia adicionar mais uma coisa à minha lista de tarefas? Tento fazer tudo por todos e, em vez disso, sinto que os estou decepcionando. Servir a ti em primeiro lugar realmente tornará as coisas melhores? Tu me mostrarás? Ensina-me como fazer de ti minha maior prioridade, Senhor. Reordena minha lista de tarefas, minha vida e meu coração. Vou te seguir. Amém.

10

Quando a internet apavora

> *Estou convencido de que aquele que começou boa obra em vocês, vai carregá-la até o dia de Cristo Jesus.*
>
> FILIPENSES 1:6

Às vezes, entro em pânico quando vejo postagens na internet com a "lista definitiva" do que as crianças devem saber aos 10, 12 ou 18 anos. Lembro-me de que não ensinei minha filha a cortar o bife do seu próprio prato de comida até que ele completasse nove anos, e penso em quantas tarefas, receitas e dicas de cuidados com a pele ainda não ensinei a ela. Penso no dia em que minhas filhas vão sair de casa, e me pergunto como elas vão cuidar de si se nunca as ensinei a atender a um telefone fixo, endereçar uma carta ou fazer macarrão.

Felizmente, Deus não nos deixa sozinhas, apavoradas. Não estamos sozinhas cuidando de nossos filhos. Lembro-me de quem me ensinou a trocar um pneu furado, a me depilar e a fazer pão caseiro. Não foi minha mãe. E tudo bem! Valorizo as lições que aprendi com minha mãe, com a qual aprendo ainda hoje, mas não é papel das mães ensinar aos filhos tudo o que eles precisam saber. Podemos pedir a Deus que dê aos nossos filhos outros mestres, outros recursos e o desejo de continuar aprendendo a se tornar as pessoas incríveis que ele os criou para ser.

Deus, obrigada por preencher todas as minhas lacunas. Obrigada pelos tutoriais do TikTok, pelas tias bacanas e pelos professores legais que reservam um tempo extra para repassar aquele conhecimento básico que esqueci de ensinar. Por favor, orienta-me para que eu possa aproveitar ao máximo o tempo que tenho com meus filhos e dá-me sabedoria para compartilhar com eles. Mostra-me como ensiná-los a viver o dia a dia — coisas práticas, como fazer uma porção dupla de comida para economizar tempo, e também coisas espirituais, como ouvir música de adoração para nos manter calmos e tranquilos no carro. E lembra-me de que terminarás a boa obra que neles começaste, da qual tive o privilégio de fazer parte. Amém.

Deus,
perdoa-me por acreditar
que estou no controle
e que o bem-estar
da minha família depende
de mim.

Presa no engarrafamento

Nove da noite de uma sexta-feira. Estou do lado de fora da escola, sentada no banco do meu carro, usando calças de ioga, comendo biscoitos e escutando músicas dos anos 1980. Tenho certeza de que desliguei a chavinha do modo mãe hoje.

11

Quando as palavras machucam

> *Bem-aventurados serão vocês quando por minha causa os insultarem, perseguirem e levantarem todo tipo de calúnia contra vocês.*
>
> MATEUS 5:11

Uma das coisas mais incríveis sobre a internet é que ela permite que as pessoas digam qualquer coisa. Não precisamos mais de uma editora, de uma plataforma ou de permissão para compartilhar nossos pensamentos, sentimentos e opiniões mais íntimos com as massas. Lógico que, da mesma maneira que podemos dizer o que quisermos, todo mundo também pode. Se alguém quiser nos dirigir palavras ofensivas ou desagradáveis a nosso respeito — ou, pior ainda, dirigi-las a nossos filhos ou usá-las para falar deles —, também pode. E em algum momento, alguém provavelmente fará isso. E o que acontece?

Muitas vezes, o primeiro instinto é atacar de volta ou promover uma campanha para nos defender, assim como os nossos entes queridos. Embora digamos que "o que vem de baixo não me atinge", a verdade é que ser ridicularizada, criticada ou caluniada pode causar dores profundas. Portanto, é prudente tomar medidas necessárias para nos mantermos seguros no ambiente virtual — seja desfazendo amizades, deixando de seguir os perfis daqueles que nos menosprezam e denunciando os que ultrapassam os limites, adotando um comportamento agressivo e praticando *bullying*. Mas também podemos encontrar grande consolo em Jesus, lembrando que ele também passou por momentos de calúnia e abuso. Ele sente a nossa dor, literalmente. E quando agirmos com integridade, amando os outros, mesmo que isso signifique colocar limites, Deus nos abençoará abundantemente mais do que qualquer dor ou ofensa que aquelas palavras possam ter nos causado.

> *Jesus, obrigada por suportares a perseguição por minha causa. Sei que tu entendes como me sinto agora. O que meu filho está passando (ou eu estou passando) é muito doloroso. Não é justo que alguém possa dizer coisas tão ofensivas! Mas eu sei que tu lutarás nossas batalhas por nós. Podemos confiar em tuas promessas e experimentar teu amor e proteção de tal modo que nos sentiremos mais abençoados do que jamais poderíamos imaginar. Mantém minha firmeza, Senhor. Enche-me com o teu amor e dá-me força quando os inimigos atacarem. Amém.*

12

Quando é difícil confiar em Deus

Confie no Senhor de todo o seu coração e não se apoie em seu próprio entendimento.
PROVÉRBIOS 3:5

Às vezes, o mundo não faz sentido. Como quando sua filha pratica e treina por horas e horas todos os dias e, mesmo assim, não é escolhida para fazer parte do time esportivo. Ou quando seu filho tem iniciativa, procura conversar e tenta cultivar bons relacionamentos, mas não consegue fazer amigos. Ou ainda quando seus filhos são intimidados, agredidos, discriminados e se frustram na escola. Essas coisas não fazem sentido. E quando se trata de empregos perdidos, vírus mortais, racismo ou um diagnóstico de câncer? Tudo isso pode nos devastar e desorientar, e essa luta árdua pode nos levar a pensar: "Onde está Deus? O que ele está fazendo agora? O que ele quer que eu faça?"

Quando nosso mundo se torna complicado e nossos filhos são afetados, começamos a pensar que estamos sozinhas na tarefa de ajudá-los a lidar com esses problemas. Parece que cabe somente a nós explicar por que as coisas são tão difíceis. Enfrentar novos desafios ou permanecer firmes na luta contra as adversidades que vão surgindo parece um fardo que precisamos carregar sozinhos. No entanto, não importa quanto nossas circunstâncias (ou as dos nossos filhos) pareçam difíceis, sempre podemos confiar que Deus ainda é bom, que ele ainda está no controle, e que ele permanece conosco e jamais nos deixará. Podemos confiar que ele ama nossos filhos ainda mais do que nós. Podemos confiar em Deus.

Querido Deus, por que isso está acontecendo? Ainda estás comigo e com os meus filhos? É tão difícil vê-los sofrendo tanto! Eu só quero colocar tudo de novo no lugar. Ou, ao menos, gostaria de entender. Sei que tu vês o quadro completo, e creio que estás trabalhando em todas as coisas para o nosso bem. Tu me mostrarás que há algo bom nessa situação, ainda que seja simplesmente tua presença conosco. Ajuda-me a confiar em ti de todo o meu coração e junto com todos aqueles a quem amo. Obrigada, Deus. Amém.

13

Quando seus filhos são o alvo

*Sejam fortes e corajosos. Não tenham
medo nem fiquem apavorados
por causa deles, pois o Senhor,
o seu Deus, vai com vocês;
nunca os deixará, nunca os abandonará.*

DEUTERONÔMIO 31:6

Quando nossos filhos estão sofrendo, nós, mães, também sofremos. E quando alguém está causando dor a eles de propósito... bem, às vezes, precisamos revidar na mesma moeda! (Nem me pergunte como fiquei quando vi um aluno do quinto ano xingar minha filha, aluna do jardim de infância, no ponto de ônibus.) Assim como ensinamos a nossos filhos que a vingança só piora situações difíceis, liberar nossos instintos de mãe leoa em quem ousa ferir nossos filhotes pode ser a última coisa de que nossas famílias precisam.

Não estou dizendo que não devemos proteger nossas crianças. Na verdade, o correto é informar às autoridades responsáveis caso seu filho esteja em perigo ou sofrendo *bullying*. Acredito que nossa missão é manter nossos filhos seguros sempre que pudermos, mas também temos a tarefa de ensiná-los a caminhar com coragem e compaixão em um mundo perigoso. E conforme crescem, não poderemos acompanhá-los a vida inteira. Muitas vezes, eles terão de enfrentar seus inimigos por conta própria. Quando chegar a hora, devemos confiar que Deus acompanhará nossos filhos; ele nunca os abandonará. E então, devemos ensiná-los a também confiar em Deus. Dessa forma, não importa o que ou quem eles terão de enfrentar, saberão que nunca estarão sozinhos.

Deus, por favor, protege minha criança. Sei que não posso envolvê-la em plástico bolha ou mantê-la sempre ao meu alcance, por mais que essa ideia me agrade. Mas também sei como este mundo pode ser perigoso. E agora ela está sofrendo e com medo. Por favor, dê a ela (e a mim!) a confiança que garante que tu estás sempre conosco e nunca nos deixará. Dá a ela força e coragem, mas não permita que seu coração esfrie. Que ela tenha sabedoria para perceber quando permanecer firme e quando procurar ajuda. Mantenha minha filha em segurança. Amém.

14
Quando precisamos da providência divina

> *Observem os corvos: não semeiam nem colhem, não têm armazéns nem celeiros; contudo, Deus os alimenta. E vocês têm muito mais valor do que as aves!*
>
> LUCAS 12:24

Será que existe maior responsabilidade do que sustentar nossa família? Nossa principal tarefa como responsáveis é assumir o cuidado de nossos filhos, mas às vezes isso pode ser muito difícil. Talvez tenhamos de enfrentar despesas inesperadas que acabam com toda a reserva de emergência — ou fazer dívidas que não sabemos como vamos pagar. Aparelhos ortodônticos, material escolar e sapatos para pés que vivem crescendo são apenas algumas das coisas que surgem quando menos esperamos — e, muitas vezes, quando estamos menos preparadas. Ainda mais difíceis são os longos períodos que passamos lutando para alimentar e vestir nossa família, desesperadas para descobrir como dar conta até mesmo das despesas básicas.

Se você se preocupa sobre o que fará para pagar a faculdade de seus filhos dentro de alguns anos, ou mesmo que não saiba o que vai fazer para não cortarem a sua luz esta semana, Deus está pronto e esperando para ouvir sua preocupação e ajudar. Leve seus problemas a ele, e o Senhor ouvirá e proverá. Não significa que você ganhará na loteria amanhã; você não encontrará esse tipo de promessa em nenhum versículo da Bíblia! Mas ele lhe dará o que você precisa no momento, assim como deu aos israelitas o maná de que precisavam para cada dia.

Deus, preciso da tua ajuda. Amo muito meus filhos e quero dar a eles tudo de que precisam, mas é muito difícil. Tu podes me ajudar? Sei que és mais grandioso do que todas as minhas despesas e orçamentos, e sei que vês soluções onde eu vejo apenas problemas. Por favor, abre meus olhos para que eu enxergue novas maneiras de cuidar da minha família. Por favor, providencia para que eles tenham aquilo de que precisam. Agradeço hoje pelo que tu farás amanhã. Obrigada por nos amar. Amém.

15

Quando é necessário proteger nossos filhos de armadilhas

*Acima de tudo, guarde o seu coração,
pois dele depende toda a sua vida.*

PROVÉRBIOS 4:23

A maternidade pode tirar o fôlego, e nem sempre de uma forma positiva. Encontrar um livro erótico debaixo do travesseiro da sua filha ou um videogame violento escondido no guarda-roupa pode ser chocante. É uma sensação de traição, decepção, surpresa e aborrecimento: essas emoções podem ameaçar sua convicção de que as melhores soluções são tomadas com tranquilidade. "Como eles puderam fazer isso? Por quê? Será que isso é realmente importante? Estou exagerando? É minha culpa?", você se pergunta.

É provável que todos esses questionamentos passem pela sua cabeça enquanto a confusão toma conta. Mas a pergunta mais importante que você provavelmente está se fazendo é: "O que eu deveria dizer agora para ensiná-los a fazer uma escolha melhor?" Há diversas informações de especialistas em educação infantil, e com certeza muitas dicas práticas podem ser encontradas (e devem ser compartilhadas), mas a resposta mais simples é a que encontramos nas Escrituras. Ao ensinar nossos filhos a manter distância das imagens e palavras nocivas que são encontradas com muita facilidade na internet, podemos começar com aquilo que o próprio Deus nos ensinou: acima de qualquer coisa, guarde o seu coração, porque o que está dentro dele afeta toda a sua vida.

Deus, é tão difícil falar sobre essas coisas! Mesmo contigo! Mas, com certeza, é mais complexo ainda ter de falar desses assuntos com meus filhos! É estranho e desconfortável para todos nós, mas, ao mesmo tempo, reconheço que é importante. Por favor, conduze-me e me dá recursos que possam me ajudar a proteger e a educar meus filhos à medida que eles aprendem a viver num mundo cheio de palavras e imagens que podem ser prejudiciais. Guarda o nosso coração e mostra-nos como nos apegarmos apenas às coisas que te honram. Obrigada, Senhor, por tua sabedoria e tua graça. Amém.

16

Quando a tentação se infiltra

Não sobreveio a vocês tentação que não fosse comum aos homens. E Deus é fiel; ele não permitirá que vocês sejam tentados além do que podem suportar. Mas, quando forem tentados, ele lhes providenciará um escape, para que o possam suportar.

1CORÍNTIOS 10:13

Há alguns dias, encontrei um saco de *marshmallows* aberto e quase vazio na despensa. "Foram vocês?", perguntei às minhas filhas, embora a resposta fosse óbvia. Eu as tinha deixado sozinhas, e quando foram procurar algo para mastigar, deram de cara com o *fruto proibido*. (Pouca importa que a guloseima estivesse a poucos centímetros de uma bela — e muito mais saudável — maçã.) Meu primeiro instinto foi dar um sermão a respeito de como o excesso de açúcar é perigoso e, ao mesmo tempo, de como agir daquele jeito é o mesmo que mentir. No entanto, apesar de ter encontrado, tantas vezes, evidências de outros *crimes* semelhantes a esse, fiz uma pausa.

Não dava para dizer que minhas filhas fizeram

aquilo por ingenuidade. Elas sabiam muito bem que abrir o pacote de cubinhos de açúcar e devorá-los quase todos não era nada legal. Mas o incidente nos deu a oportunidade de conversar sobre a questão da tentação e de como Deus promete sempre nos dar uma saída quando somos tentados a exagerar no açúcar ou a fazer algo ainda mais prejudicial ou perigoso. Falamos sobre como podemos reconhecer a tentação e pensar se, por acaso, teríamos outra opção melhor naquele momento. E lembrei minhas filhas (e a mim mesma) que, quando nos sentimos tentados — seja por doces ou em questões mais sérias, como colar em uma prova, fumar ou passar o tempo em sites nocivos na internet —, podemos pedir a ajuda de Deus para fazer a melhor escolha.

Deus, sou muito grata por nos dares tudo que precisamos, inclusive uma saída sempre que somos tentados a seguir nosso próprio caminho em vez de te seguir. Obrigada por me dares forças para resistir à ideia de gritar com meus filhos e envergonhá-los quando cometem erros, e obrigada por me perdoares quando cometo os mesmos erros que eles! Por favor, mostra-me como ensinar meus filhos a recorrerem a ti em busca de ajuda para evitar o pecado e a dar graça quando conseguirem vencê-lo. Obrigada, Deus. Amém.

17
Quando é hora de levantar a voz

Erga a voz em favor dos que não podem defender-se,
seja o defensor de todos os desamparados.
Erga a voz e julgue com justiça; defenda os
direitos dos pobres e dos necessitados.

PROVÉRBIOS 31:8-9

Qualquer pessoa que já precisou partir um biscoito ao meio para irmãos dividirem sabe que as crianças se preocupam muito com justiça. Elas parecem sempre estar em alerta máximo a qualquer indício de preconceito ou discriminação, e sempre atentas aos mínimos detalhes para gritar em qualquer circunstância: "Isso não é justo!" Lógico, elas em geral estão focadas no que é justo para elas e em quanto estão sendo maltratadas. Mas, por causa desse profundo desejo por igualdade que possuem, são muitas vezes receptivas quando se trata de aprender como buscar justiça para os outros também.

Ensinar as crianças sobre as pessoas que sofrem e estão desamparadas pode ser difícil. Não queremos roubar a inocência delas ou prejudicar sua esperança em um mundo bom e seguro. Todas as vezes que minhas filhas precisaram se conscientizar sobre as injustiças deste mundo, desde falta de moradia até câncer infantil ou terrorismo, eu deixei lágrimas caírem. Porém, ao permitir que as crianças vejam como as outras pessoas vivem e os desafios que enfrentam, podemos abrir o coração delas a oportunidades para exercer a compaixão e a generosidade. Quando assumimos o compromisso de falar e denunciar ao vermos alguma injustiça no mundo, ensinamos nossos filhos a usar seu radar de justiça para o bem das pessoas.

Deus, obrigada pelo coração cheio de ternura que tu deste aos meus filhos. Por favor, dá-me sabedoria para ensiná-las a respeito do mundo em que vivemos e mostrar a elas as maneiras pelas quais podemos ajudar os outros. Dá-nos a oportunidade de usar nossas vozes, nossos recursos e nossa influência para trabalhar por justiça para todos. Mostra aos nossos filhos como outras crianças estão vivendo situações mais problemáticas do que apenas precisar dividir um pequeno biscoito ou ter um irmão que sempre consegue pegar o controle remoto da televisão ou chutar a bola primeiro. Concede a eles o desejo de ajudar. Ensina nossos filhos — e a nós — a usar nossa voz por aqueles que não podem falar por si. Amém.

18

Quando o coração precisa de consolo

> *O Senhor está perto dos que têm*
> *o coração quebrantado*
> *e salva os de espírito abatido.*
>
> SALMOS 34:18

Aquele dia em que precisei contar à minha filha que seu tio favorito havia falecido em um acidente de moto ficou gravado em minha memória. Não consigo imaginar que algum dia conseguirei esquecer aquele momento devastador. Foi a primeira, mas, infelizmente, não foi a última vez que vi o coração de minha filha se partir. Desde então, vi minhas duas filhas enfrentarem realidades avassaladoras que as arrasaram, e embora eu reconheça que sou o *porto seguro* no qual elas podem se refugiar e que esteja sempre pronta para abraçá-las, aceitá-las e garantir que, com o tempo, tudo vai melhorar, simplesmente não consigo consertar tudo.

Seja a perda de um familiar, o fim de uma amizade, uma decepção em qualquer área da vida ou até mesmo uma constatação difícil a respeito da natureza humana, nossos filhos vão enfrentar a tristeza. Podemos ter certeza disso, mesmo que não queiramos. Quando esse desgosto acontece, nós, mães, em geral nos sentimos impotentes ao ver nossos filhos sofrerem. Sabemos que nada do que digamos ou façamos pode aliviar a dor. Mas não importa que tipo de tragédia aconteça, não importa que espécie de pesadelo se torne realidade, podemos encontrar consolo e força ao lembrar — e ao ensinar nossos filhos — que Deus está sempre conosco. Ele promete estar especialmente perto dos que têm o coração partido. Podemos contar com essa presença com gratidão e alegria.

Deus, estou tão feliz por estares aqui conosco. Obrigada por nos amares tanto e nunca saíres do nosso lado, mesmo quando parece que o mundo inteiro está contra nós. No momento, minha pequena criança está sofrendo e não sei como fazer para melhorar essa situação. Tu podes fazer com que ela sinta a tua presença? Envolve-a em teus braços e cura a dor que ela está sentindo. Faz com que ela se lembre de é amada e de que tu tens bons propósitos para a vida dela. E, por favor, mostra-me como ajudá-la também. Obrigada, Deus. Amém.

19
Quando é preciso limitar o tempo de tela

> *Finalmente, irmãos, tudo o que for verdadeiro, tudo o que for nobre, tudo o que for correto, tudo o que for puro, tudo o que for amável, tudo o que for de boa fama, se houver algo de excelente ou digno de louvor, pensem nessas coisas.*
>
> FILIPENSES 4:8

Depois da altura e do peso, o tempo passado diante de uma tela de TV, computador ou celular geralmente parece ser a coisa que mais se avalia na educação dos filhos. Descobrir o tempo de tela ideal e depois colocar a limitação em prática parecem tarefas difíceis. (O que me faz sentir saudade dos dias em que isso não era um problema... bem, até me lembrar de quanto sou grata por outras maravilhas modernas que facilitam nossa vida!) E então, assim que tomamos uma decisão e nos comprometemos, os filhos ou as circunstâncias precisam se adequar, forçando-nos novamente a uma mudança de comportamento.

Mas à medida que nossos filhos crescem, precisamos não apenas monitorar o tempo de uso de telas, mas também começar a ensiná-los a fazer escolhas saudáveis para si. Óbvio, é uma tarefa bem complicada! Os pais podem encontrar inúmeras informações e recomendações de hábitos saudáveis em relação ao uso de tela. No entanto, às vezes essas orientações parecem se contradizer ou não se aplicam às necessidades específicas de nossa família; assim, podemos acabar mais confusas e inseguras do que nunca. E não podemos nos esquecer de nossa própria tentação de passar mais tempo olhando para uma tela do que para os olhos de nossos filhos, e do exemplo que temos dado a eles. Consultar as Escrituras, a Palavra eterna de Deus, é sempre um bom meio para começar e uma boa maneira de nos recordarmos de que devemos focar em tudo o que é verdadeiro, nobre, amável e puro, tanto nas telas quanto fora delas.

> *Deus, é impressão minha ou ser mãe fica mais complicado a cada dia? Preciso da tua ajuda, Senhor. Por favor, orienta-me para que eu possa conversar com meus filhos a respeito de quanto tempo eles passam diante das telas e o que fazem enquanto estão conectados. Ajuda-me a incutir neles o valor da verdade, da beleza e de tudo que honra o Senhor. Ajuda-me a estabelecer limites saudáveis e a dar um bom exemplo, deixando de lado meus próprios aparelhos eletrônicos e experimentando a vida que tu criaste neste mundo. Obrigada por tua Palavra e tua sabedoria que ultrapassa o tempo. Amém!*

20

Quando nossos filhos se ferem

*Só ele cura os de coração quebrantado
e cuida das suas feridas.*

SALMO 147:3

Se tornar mãe transforma até mesmo as almas mais gentis em ferozes defensoras, prontas para enfrentar qualquer pessoa que se atreva a machucar seus filhos. Mas o que uma mãe deve fazer quando o filho causa sua própria dor? Ah, que angústia imensa! Saber que nossos filhos estão fazendo escolhas e adotando comportamentos que certamente causarão a eles uma dor profunda pode nos levar a um ciclo de desespero à medida que lutamos para descobrir a origem desse comportamento, a causa, há quanto tempo está acontecendo e, mais importante, o que fazer para que eles possam superá-lo.

O pior de perceber que os nossos filhos estão escolhendo se prejudicar é que talvez não possamos fazer nada para melhorar a situação. Podemos confrontá-los ou levá-los a alguém que possa aconselhá-los. Podemos recordá-los de suas responsabilidades e oferecer a eles um ombro para chorar. Podemos fazer tudo da maneira mais correta, mas, ao contrário dos dias em que podíamos dar beijinhos para curar suas feridas, já não podemos remediar toda a sua dor. O que podemos fazer, porém, é deixá-los nas mãos de Deus através das nossas orações, confiando que o Senhor fará o que não podemos e guiará tanto a nós quanto aos nossos filhos nessa jornada.

Deus, eu preciso de ti. Meus filhos precisam de ti. Por favor, faz as coisas melhorarem. Eles estão sofrendo e eu não consigo ajudá-los. Eu gostaria que um curativo, uma canção alegre ou mesmo um picolé funcionasse tão bem como quando eles eram pequenos, mas nada que eu faça parece ter a capacidade de mudar essa situação. Receio que eles possam se magoar ou ferir outra pessoa ao ponto de não haver mais reparação, e não sei como impedir que isso aconteça. Por favor, ajuda-nos, Deus. Dá-nos orientação e força para seguir em frente no caminho que nos espera. Amém.

Deus,
ajuda-me a confiar
em ti com todo o meu
coração e com aqueles a
quem eu amo.

Não me faça parar!

Caso alguém queira saber como está sendo o meu dia, logo pela manhã borrifei desodorante no meu cabelo achando que era xampu a seco.

21

Quando é difícil sentir-se grata

> *Deem graças em todas as circunstâncias, pois esta é a vontade de Deus para vocês em Cristo Jesus.*
>
> 1TESSALONICENSES 5:18

Sentir-se grata nos dias bons é fácil, certo? Quando as crianças ouvem e seguem as instruções; quando ajudam um amigo, ganham a partida de um jogo ou tiram notas altas; quando devoram o jantar que você preparou sem reclamar; a gratidão vem naturalmente. (Ou, pelo menos em relação ao jantar, presumo que sim. Não me lembro de ter preparado uma única refeição que tenha deixado todas as pessoas da minha casa satisfeitas.) No entanto, quando a vida se torna mais complexa e desafiadora, é uma luta sentir gratidão. É nessas horas, porém, que precisamos dela mais do que nunca.

Reservar um tempo para agradecer a Deus por nossos filhos — e por nosso trabalho como mães — pode restaurar nosso coração e nos ajudar a vê-los com gratidão e amor, mesmo quando fazem ou dizem coisas pelas quais não somos exatamente gratas! Essa atitude direciona nosso coração e nossa mente de volta para Deus, e muitas vezes nos traz resiliência, paz e alegria, mesmo quando os filhos se recusam a experimentar o jantar que preparamos com tanto amor ou começam a brigar entre si. A verdadeira gratidão nos manterá focadas nas coisas mais importantes e nos ajudará a esquecer o resto (ou, pelo menos, colocá-las em perspectiva).

Deus, obrigada por me presentear com essas crianças. Obrigada por fazer de mim a mãe delas. Obrigada pela alma e pela coragem delas, e obrigada por cada vislumbre de doçura que recebo. Nos momentos difíceis, por favor, ajuda-me a lembrar que elas são uma bênção e um presente incrível. Quando sou tentada a resmungar ou a me concentrar nas dificuldades da maternidade, por favor, lembra-me de quanto sou grata. Ajuda-me a ver as minúcias de nossa vida cotidiana através de teus olhos, a reconhecer roupas e pratos, compromissos e discussões como recordações vivas de que essas crianças que preenchem minha casa, meu coração, minha vida e meu colo são preciosas e muito amadas. Obrigada, Senhor, por minhas crianças. Amém.

22

Quando eles não se dão bem

> *Não diga: "Farei com ele o que fez comigo; ele pagará pelo que fez."*
> PROVÉRBIOS 24:29

"Mas foi ela quem começou!" Todas as mães já ouviram essa frase. Não importa quão próximos e cooperativos os irmãos sejam, em algum momento vão discordar um do outro. E é mais que provável que entrem em conflito e discutam até que alguém dê um chute e outro o empurre. A partir disso, escutamos "ele disse isso", "ela fez aquilo" e "não é justo", e logo as palavras ou os gestos tomam um rumo que vai além do que qualquer um deles pretendia que fosse.

Como mães que amam os filhos e desejam não apenas paz e sossego em casa, mas também relacionamentos saudáveis, afetuosos e solidários, podemos facilmente nos sentir culpadas quando eles brigam. Ou mesmo que não nos culpemos, podemos ficar desanimadas, acreditando que, se nossos filhos não se dão bem agora, nunca serão amigos quando forem mais velhos. Porém, antes de seguirmos por esse caminho, podemos tentar mais uma coisa: vamos pedir ajuda ao Senhor. Antes que a próxima discussão comece (ou agora mesmo, enquanto eles estão no banco de trás do carro), vamos nos dirigir a Deus e pedir que ele intervenha agora mesmo e cuide de nosso coração.

Deus, obrigada por nossos filhos. Eu sei que tu criaste cada um exatamente com essa personalidade singular e nos concedeste eles por um motivo. Mas, Senhor, essas personalidades e a idade em que estão são toda a desculpa de que precisam para se confrontar e discutir uns com os outros! Por favor, dá-me paciência. Dá-me forças para segurar minha língua e não aumentar a tensão em nossa casa. Dá-me sabedoria e mostra-me como negociar diante das divergências deles, e ajuda-nos a trabalhar juntos para encontrar soluções e uma dedicação renovada para amarmos uns aos outros. Fica conosco, Senhor. Amém.

23
Quando eles esquecem que foram feitos à imagem de Deus

O Senhor não vê como o homem: o homem vê a aparência, mas o Senhor vê o coração.

1SAMUEL 16:7

Minhas duas filhas são altas. E embora eu me lembre de como me sentia desconfortável com minha própria altura quando era adolescente, fiquei surpresa quando uma delas compartilhou comigo que estava torcendo para parar de crescer. Pouco depois dessa conversa, ouvi uma de suas amigas comentar a respeito da altura dela e me lembrei de como o mundo pode ser cruel com aqueles que não se encaixam no padrão esperado ou aceitável.

Minha garotinha me perguntou por que sua amiga havia feito aquele comentário e confessou que aquilo lhe fez mal, então eu a olhei nos olhos e garanti que cada parte de seu corpo havia sido perfeitamente desenhada por Deus. Lembrei a ela que Deus é criativo e faz cada um de nós diferente do outro, e repeti várias vezes que ela é linda. Também falamos sobre como aquilo que os olhos enxergam não revela necessariamente toda a história de uma pessoa. E então ouvi um sussurro divino dizendo que o mesmo também vale para mim.

Meu palpite é de que terei muitas outras conversas como essa com minhas duas filhas; e você provavelmente as terá com seus filhos também. Quando isso acontecer, vamos aproveitar essas oportunidades para proclamar palavras de bondade e verdade para nossos filhos — e para nós mesmas.

Deus, obrigada porque és o Criador. Obrigada por seres o mais criativo, por nos gerar de modo único e por chamares a cada um de nós de "bom". Por favor, faze-nos lembrar, assim como procuramos lembrar nossos filhos, de que tu nos criaste desse modo por uma razão especial, e que tu nos amas do jeito que somos. Ajuda-nos a ser bons exemplos de gratidão pela maneira como nos criaste e permite que tenhamos oportunidades de usar palavras de afirmação, amor e verdade com nossos filhos. Mostra-nos a beleza que há em toda a tua criação, incluindo a beleza que há em nós mesmos. Amém.

24
Quando a internet nos desafia

Nenhuma palavra torpe saia da boca de vocês, mas apenas a que for útil para edificar os outros, conforme a necessidade, para que conceda graça aos que a ouvem.

EFÉSIOS 4:29

Será que existe um ambiente que ofereça tanta facilidade para a circulação de "palavras torpes" quanto a internet? Possivelmente. Mas não dá para negar que navegar pelos intermináveis pensamentos e opiniões alheias — ou ficar encarando um cursor que pisca sem parar e centenas de possíveis leitores — pode atiçar o fogo de nossas críticas mais severas, nossos medos mais doentios e nossa tendência de atacar primeiro. Deixamos de lado a compaixão e o bom senso em troca de uns poucos momentos banais usados para deixar uma mensagem marcante, compartilhar notícias falsas ou simplesmente digitar palavras que, naquela hora, nos parecem muito necessárias.

À medida que nossos filhos começam a mergulhar no mundo da comunicação on-line, nós os ensinamos a pensar duas vezes a respeito das palavras e imagens que compartilham, e seria sensato nos lembrarmos disso também. Quando participamos de comunidades nas redes sociais, é bom nos lembrar de fazer o mesmo que ensinamos a nossos filhos: trate a todos como você gostaria de ser tratado. Diga (ou escreva) apenas palavras verdadeiras, úteis, inspiradoras, necessárias e gentis. E use todas as vias de comunicação para construir, nunca para destruir.

Amado Senhor, por favor, perdoa-me pelas vezes em que permiti que conversas perniciosas e prejudiciais saíssem da minha boca. Segurar minha língua (ou, quando se trata de redes sociais, meus dedos!) parece tão difícil, mas sei o que tu desejas de mim. Mostra-me como aproveitar todas as oportunidades para encorajar os outros e protege-me da tentação de feri-los. Ilumina-me para que eu perceba quanto minhas palavras podem causar prejuízo, e mostra-me de que modo posso ajudar o próximo. Senhor, faz de mim um instrumento de teu amor e de tua paz — e um bom exemplo para meus filhos. Amém.

25
Quando a hospitalidade ganha um novo sentido

Sobretudo, amem-se sinceramente uns aos outros, porque o amor perdoa muitíssimos pecados. Sejam mutuamente hospitaleiros, sem reclamação.

1PEDRO 4:8-9

Pergunto às minhas filhas se elas falariam "daquela maneira" (do jeito malcriado como muitas vezes me respondem) com seus professores, treinadores ou com seus avós. Pergunto se elas falariam "assim" (do modo com que insultam uma à outra) com suas melhores amigas ou mesmo com alguma colega de classe. Obviamente, a resposta delas é sempre "não".

No entanto, essa estratégia nunca falha. Todas as vezes que sigo nesta linha de disciplina, ouço sempre as mesmas perguntas ecoarem de volta para mim — não da parte das minhas filhas (eles não ousariam!), mas através da voz mansa e delicada do único que sussurra a verdade em meu coração, mesmo quando prefiro me esconder. Você falaria com seus colegas de trabalho, com o líder de estudo bíblico ou com seu vizinho dessa maneira? Você ama a sua família tão profundamente quanto ama as pessoas que não moram em sua casa? Minha resposta é a mesma; às vezes, resistente; outras vezes, com o mesmo "não" cheio de remorso que recebo de minhas filhas.

O que a Bíblia chama de "hospitalidade" também pode ser chamado de amizade, cordialidade, bondade, generosidade ou cortesia. E é assim que quero tratar a todos, dentro e fora da minha casa.

Deus, obrigada pela Bíblia e pela sabedoria que ela contém a respeito de como devemos tratar uns aos outros. Perdoa-me pelas vezes em que fui rude ou rígida com a minha família; por favor, ajuda-me a tratá-los com hospitalidade. Quero que todos em minha casa se sintam seguros e bem-vindos, não de uma maneira fingida, mas de um modo autenticamente receptivo e amoroso. Por favor, mostra-nos como agir assim, Senhor. Obrigada pela obra que sei que farás em nosso coração. Amém.

26

Quando eles precisam ser lembrados de que a bondade faz diferença

Livrem-se de toda amargura, indignação e ira, gritaria e calúnia, bem como de toda maldade. Sejam bondosos e compassivos uns para com os outros, perdoando-se mutuamente, assim como Deus perdoou vocês em Cristo.

EFÉSIOS 4:31-32

"Meu filho nunca faria isso!" Toda mãe e todo pai já pensou dessa maneira. Ouvimos falar de crianças que implicam com colegas que são diferentes ou que espalham fofocas a respeito daqueles que eram seus amigos. Observamos crianças que ridicularizam, agridem e desprezam seus colegas, ou lemos um recado da escola informando os responsáveis a respeito de um comportamento perigoso ocorrendo entre os alunos. E toda vez que isso acontece, nossa primeira reação é pensar: "Meu filho nunca faria uma coisa dessas."

Eu mesma pensava assim até o dia em que conversei com outra mãe e descobri que uma de minhas filhas agia mal com a filha dela — tão mal que essa mulher esperava que as crianças fossem colocadas em turmas diferentes no ano seguinte! Mais tarde, as duas se tornaram melhores amigas, mas aquilo abriu meus olhos. Embora eu ainda aconselhe minhas filhas a respeito do que fazer caso estejam sofrendo *bullying*, agora também procuro contar histórias para elas ou dar livros que falam sobre como devemos tratar uns aos outros com gentileza. Também mostro a elas as oportunidades que surgem para cuidarmos das pessoas e como podemos aproveitá-las. Procuro ensinar que Deus nos diz para sermos bondosos e compassivos uns com os outros. Se queremos que nossos filhos jamais machuquem os outros de verdade, não podemos deixar por conta do acaso ou simplesmente presumir que já os educamos a respeito desse assunto.

> *Deus, queremos acreditar que nossos filhos jamais machucariam alguém. Mas sabemos que nossos filhos, tão doces e obedientes, também são humanos e, portanto, suscetíveis à tentação, à pressão dos colegas e, não podemos esquecer, aos hormônios! Por favor, mostra-nos todas as oportunidades que temos para ensinar nossos filhos a serem gentis, Senhor. Mostra-nos também as ocasiões nas quais*

nós mesmos podemos ser mais bondosos, e modela em nós a compaixão que tu pedes que ofereçamos aos outros. Ajuda-nos a perdoar quando nossos filhos errarem, mas também que não negligenciemos a responsabilidade de ensiná-los o que desejamos que eles saibam e façam. Obrigada por nos mostrar que a bondade faz diferença. Amém.

27
Quando é preciso pedir e receber perdão

> *Se confessarmos os nossos pecados,*
> *ele é fiel e justo para perdoar os nossos pecados*
> *e nos purificar de toda injustiça.*
>
> 1JOÃO 1:9

"Você me odeia, né?" Fiquei arrasada quando minha filha dirigiu essa reclamação para mim. Embora eu devesse realmente ter ficado chocada com a possibilidade de ela acreditar em tal coisa, entendi que, de alguma maneira, ela havia chegado a essa conclusão perturbadora. Algumas horas mais cedo, naquele mesmo dia, eu tinha me comportado como uma adolescente irritada ao me recusar a falar com ela depois de fazer críticas amargas e decepcioná-la. Disse a mim mesma que meu silêncio era para protegê-la de palavras mais nocivas. Entretanto, para ser sincera, foi algo que fiz também para puni-la. Eu com certeza não a odiava, mas também sabia que não tinha agido amorosamente.

Ansiosa por lhe ensinar uma lição, exagerei na dose. Deixei de lado a misericórdia em nome da justiça, agindo com força desmedida e criando um obstáculo para o perdão e a cura entre nós duas. Minha filha, que errou, assim como eu mesma já havia cometido centenas de erros, achou que tinha ido longe demais e não enxergava uma maneira de nos reconciliarmos — tudo porque deixei minha raiva conduzir aquele dia.

Isso já aconteceu com você? Já perdeu a paciência, colocou para fora palavras das quais se arrependeu e se tornou uma barreira, em vez de uma bússola que guia seus filhos no caminho da maturidade e do perdão? Felizmente, Deus oferece a misericórdia com muito mais generosidade do que nós, e ele promete nos limpar dos nossos pecados e nos ajudar a seguir em frente juntos.

Deus, por favor, dá-me teu perdão. Perdoa-me por ficar com tanta raiva de minhas crianças e por fazê-las se sentirem menos amadas. Perdoa-me por querer que elas ajam segundo um padrão fora da realidade e por priorizar as regras em vez do nosso relacionamento. Perdoa-me por todas as vezes em que te desobedeci e mostra-me o caminho da retidão. Obrigada por tua misericórdia, Senhor, e, por favor, ajuda-me a tratar meus filhos com essa mesma misericórdia. Dá-me um coração terno, cheio de compaixão e graça para guiá-los em direção à maturidade e a cura. Amém.

28

Quando a ansiedade ataca

Tu guardarás em perfeita paz aquele cujo propósito está firme, porque em ti confia.
ISAÍAS 26:3

A ansiedade é muito mais comum do que muitos de nós imaginamos, e é um problema crescente entre crianças e adultos. Embora possamos evitar os muitos desafios da infância, como joelhos ralados, infecções de ouvido, distúrbios alimentares ou até vícios, a ansiedade é algo que muitas vezes nos pega de surpresa e nos deixa inseguros a respeito do que fazer para ajudar nossos filhos acometidos por esse distúrbio. Seja uma luta contra os medos e preocupações do dia a dia ou contra um desequilíbrio químico que requer tratamento médico, podemos nos sentir tão sobrecarregados quanto eles nessas situações. Como sabemos se é a ansiedade a causa de determinado comportamento? Até que ponto o quadro é grave? Como ajudá-los?

Quando nossos filhos sofrem com a ansiedade, é comum sentirem medo, pois logo surgem dúvidas a respeito de sua origem e se algum dia ela irá embora. Ainda que a ansiedade seja uma condição séria e devamos, com certeza, procurar ajuda de um profissional quando necessário, Deus não quer que vivamos com medo. Podemos encontrar paz ao confiar-lhe nossos filhos, mesmo quando procuramos a paz também para eles.

Querido Deus, estou tão preocupada com minha criança! Ela está lutando contra a ansiedade, e não saber como ajudá-la ou quando ela vai melhorar está me deixando ansiosa também! Por favor, ajuda-nos! Confio a ti a mente, o corpo e a alma dela. Protege-a e cura-a, e enquanto realizas essa obra, Senhor... poderias me ajudar também? Dá-me a paz e a confiança de saber que tu a estás segurando em tuas mãos, de que nunca a deixarás, e nem a mim. Obrigada. Amém.

29

Quando falamos o que não devemos

> *A resposta calma desvia a fúria, mas a palavra ríspida desperta a ira. A língua dos sábios torna atraente o conhecimento, mas a boca dos tolos derrama insensatez.*
>
> PROVÉRBIOS 15:1-2

Quando ouvi minha filha caçula gritar um palavrão, fiquei chocada. Ela ouviu a expressão em um programa de TV a que estávamos assistindo, e não apenas a repetiu perfeitamente, mas também não entendeu, a princípio, por que eu havia ficado tão incomodada. Afinal, se aqueles personagens podiam dizer tais palavras, por que ela também não poderia? Aquele incidente me deixou chateada, mas me recuperei depressa. O dia em que ouvi minha filha mais velha desrespeitar meu marido com a mesma expressão que havia me observado usar com ele, foi ainda mais perturbador, e revelou um problema muito mais difícil de se resolver.

Quer se trate de palavrões, fofocas, críticas (a nós mesmos ou aos outros) ou até mesmo um tom desrespeitoso ou grosseiro, nossos filhos ouvem tudo. Eles estão constantemente nos observando e ouvindo, aprendendo como tratar os outros de acordo com nosso exemplo. E ouvir nossas próprias (e inadequadas) palavras saindo da boca delas pode ser o reflexo mais complicado daquilo que está em nosso coração, e que jamais gostaríamos de ver! As crianças nunca irão apenas "fazer o que eu digo, não o que eu faço"; não é assim que elas funcionam. É difícil mudar o nosso jeito de se expressar, que tem, na verdade, uma conexão íntima com o que pensamos. Mas vale a pena o esforço de usar nossas palavras com sabedoria, e Deus nos ajudará a fazer isso.

Querido Deus, por favor, perdoa-me pelo jeito vergonhoso como tenho falado com os meus filhos ou quando eles estão por perto. Esqueço-me de que eles estão sempre ouvindo, absorvendo tudo, e agora me arrependo. Por favor, usa de tua misericórdia para ajudá-los a esquecer das vezes em que fui um mau exemplo e ajuda-me a ser diferente daqui para frente. Ajuda-me a usar palavras de bondade, perdão, graça e amor. Ajuda-me a usar minhas palavras e a influência que exerço sobre meus filhos com sabedoria. Obrigada, Deus, por me ajudares a falar de amor e de vida. Amém.

30
Quando só sabemos resmungar e reclamar

Façam tudo sem queixas nem discussões.
FILIPENSES 2:14

Quando peço às minhas filhas para dobrar a roupa lavada ou esvaziar a máquina de lavar louça, a resposta delas em geral deixa muito a desejar. A linguagem corporal diz tudo: "Que história é essa? Como a mãe ousa nos obrigar a fazer essas coisas?" Minha resposta é igualmente dramática, pois meus olhos se arregalam e minhas narinas se dilatam. Embora não diga em voz alta, quase sempre penso: "Como assim? Eu é que pergunto que história é essa! Vocês sabem quem coloca um teto sobre a cabeça de vocês? E quem alimenta vocês pelo menos três vezes ao dia? E dá um milhão de abraços, ouve vocês falarem sobre suas invenções impossíveis, seus livros chatos e seus videogames absurdos? O *mínimo* que vocês poderiam fazer é cumprir essa mísera tarefa!"

Muitas vezes, quando realmente deixo que a indignação se intensifique, sinto uma pontada na alma. Com sua maneira gentil e amorosa, Deus usa as reclamações de minhas filhas para me lembrar de todas as vezes em que resisti às instruções dele ou reclamei de minhas próprias responsabilidades. Opa! E assim, mais uma vez, perdoo minhas filhas do mesmo jeito que Deus me perdoa, e juntos começamos a trabalhar, fazendo as tarefas que precisam ser feitas. Sem resmungar ou discutir!

Pai Celestial, obrigada por seres paciente comigo e por me ajudares a crescer em obediência e gratidão. Sinto muito por todas as vezes que resisti a cumprir a tarefa que tu me pediste, resmungando a respeito de minhas próprias responsabilidades, assim como meus filhos fazem. Por favor, dá-me o desejo de segui-lo, mesmo quando não for fácil e conveniente, e ajuda-me a ensinar meus filhos a fazerem o mesmo. Amém.

Deus
nos mostra a beleza
que há em toda a
sua criação, inclusive
a que há em nós
mesmas.

Perdendo o gás

Período escolar: gerando estresse em minha casa desde 2013.

31
Quando o pisca-alerta acende

*Acaso não sabem que o corpo
de vocês é santuário do Espírito Santo
que habita em vocês,
que lhes foi dado por Deus, e que
vocês não são de si mesmos?
Vocês foram comprados por alto preço.
Portanto, glorifiquem a Deus
com o corpo de vocês.*

1CORÍNTIOS 6:19-20

Você já deve ter visto, ou talvez até mesmo compartilhado, um meme engraçado de uma mãe que diz: "Que horas são? Hora do vinho."; ou: "Administrar as tarefas é minha academia." Eu tenho visto esses memes muito mais vezes do que gostaria! Criar filhos é complicado, ainda mais quando também precisamos nos incluir na lista de pessoas das quais devemos cuidar. Parece uma tarefa difícil demais. A última coisa que muitas de nós gostaria de fazer quando sobram alguns minutinhos de descanso é subir numa esteira ou preparar lanches saudáveis para a semana. É muito mais tranquilo e confortável ficar jogada no sofá, degustando aquelas batatinhas que escondemos no fundo da despensa, ou (o que mais gosto) ficar acordada até mais tarde porque quero curtir ao máximo o maravilhoso — e raro! — tempo de quietude e silêncio.

Acontece que Deus criou nosso corpo para ser instrumento através do qual realizamos e desfrutamos a obra que ele nos confiou. Portanto, dormir mais cedo, beber mais água, marcar aqueles exames anuais ou adicionar frutas e vegetais às nossas refeições pode não ser o mais divertido, fácil ou confortável, mas vale a pena porque, agindo assim, honraremos a Deus cuidando bem do corpo que ele nos deu. E, acredite ou não, isso nos deixará mais revigoradas e prontas para voltar à nossa vida cotidiana do que qualquer guloseima deliciosa ou reality show ao qual possamos assistir.

Deus, obrigada por este corpo que me deste. Fico maravilhada com a arte e a criatividade com que o criaste, e quero honrar-te, cuidando de tua criação — inclusive de mim mesma. É difícil, porém, porque estou sempre cansada e estressada, então preciso de tua ajuda. Dá-me a determinação de que preciso para dar pequenos passos rumo a um corpo mais saudável, e para que tenha compaixão por mim mesma quando eu não conseguir atingir meus objetivos. Cura as partes do meu corpo que estão cansadas e doloridas e dá-me forças para escolher as coisas que são realmente boas para a minha saúde corporal. Amém.

32
Quando você se pergunta qual é o melhor trabalho

Porque somos criação de Deus realizada em Cristo Jesus para fazermos boas obras, as quais Deus preparou de antemão para que nós as praticássemos.
EFÉSIOS 2:10

Desde que minhas filhas nasceram, já trabalhei, fiquei em casa em período integral e também já administrei pelo menos uma dúzia de empregos de meio período (às vezes em um modelo de trabalho remoto, às vezes, não). Não importa de onde venha o meu contracheque ou de que forma eu use a minha agenda, sempre serei uma mãe que trabalha... e você também. Seja trabalhando fora de casa ou não, você dá um duro danado para sustentar sua família de uma forma ou de outra. E não importa quão tranquila ou tortuosa, próspera ou cheia de dificuldades tenha sido sua carreira profissional, você foi criada com um propósito que só você mesma pode realizar.

Por mais que pensar assim seja inspirador e estimulante, descobrir nosso propósito e os meios para cumpri-lo enquanto nossa missão materna nos espera diariamente pode parecer apenas mais um item numa lista de tarefas já avassaladora. Afinal de contas, será que precisamos de mais uma? Felizmente, Deus não é apenas nosso Criador, mas também um grande companheiro, que nos guia à medida que descobrimos seus planos para nossa vida no trabalho, em casa e em todos os lugares. Está decidindo se deve abrir um negócio, voltar a estudar, trabalhar em casa ou aceitar uma promoção? Leve tudo ao Senhor e deixe que ele a conduza até a próxima maravilha que planejou para sua vida.

> *Querido Deus, não tenho certeza do que fazer. Acredito que tu me criaste por uma razão e que tens um plano para mim. Como descobri-lo? Vais me mostrar? E não importa qual caminho eu escolha, tu vais me ajudar a administrá-lo lado a lado com todas as outras coisas que colocaste em minhas mãos, como meu casamento, meus filhos e minha casa? É fácil me convencer de que preciso fazer tudo isso, e com perfeição, mas sei que não é isso que tu esperas de mim. Mostra-me o que é mais importante em cada momento, Senhor, e ajuda-me a honrá-lo e às responsabilidades que tu me deste neste tempo. Amém.*

33
Quando a crítica abafa o cuidado

Você é toda linda, minha querida;
em você não há defeito algum.
CANTARES 4:7

Você se lembra da história de Davi e Golias? Antes de Davi sair para lutar contra o gigante, o rei Saul tentou prepará-lo e, para protegê-lo, fez com que ele vestisse sua própria armadura, pesada e imensa para o corpo esguio de Davi. Enquanto ia tropeçando sob o peso, Davi percebeu que teria um melhor desempenho sem a armadura. Como sabemos, foi assim que ele conquistou a vitória, usando apenas um estilingue e algumas pedrinhas.

Às vezes, a maternidade se parece um pouco com essa história. Eu coloco sobre minhas filhas o peso de uma armadura que construí para mim ao longo da vida. Digo a mim e a elas que estou tentando prepará-las para encarar o mundo, mas a verdade é que acabo prejudicando mais do que ajudando ao colocar sobre seus ombros meus próprios medos e inseguranças.

Crítica por natureza, percebo que apontar os erros ou tentar silenciar cada vacilo, num esforço para proteger minhas filhas do ridículo ou da desaprovação dos outros, não adianta. Em vez de mantê-las a salvo das dúvidas, acabo criando mais insegurança. Fiz exatamente o que estava tentando evitar! Então, embora eu ainda precise lembrá-las de pentear os cabelos e escovar os dentes (porque é higiene básica!), também estou me dando o trabalho de enxergá-las — e para assim também poder me dirigir a elas — da maneira com que Deus as vê: belas e sem falhas.

Deus, não sei como tu podes olhar para mim e me chamar de linda e perfeita. Eu sinto exatamente o oposto! E percebo agora que tenho deixado que todos os meus medos e minhas inseguranças recaiam sobre minhas filhas. E acabo trazendo mais dor do que apoio. Obrigada, Deus, por abrires meus olhos para a verdade. Ajuda-nos, como mães, a mudar nossa maneira de falar com nossos filhos. Não queremos destratá-los sem querer no esforço para aperfeiçoá-los e protegê-los, e não queremos bajulá-los com falsos elogios. Ajuda-nos a ver, lembrar e falar com eles a respeito da mais linda verdade: eles são feitos de maneira maravilhosa, totalmente amados e lindos por dentro e por fora. Amém.

34
Quando você encontra parceria na criação dos filhos

É melhor ter companhia do que estar sozinho, porque maior é a recompensa do trabalho de duas pessoas. Se um cair, o amigo pode ajudá-lo a levantar-se. Mas pobre do homem que cai e não tem quem o ajude a levantar-se! E se dois dormirem juntos, vão manter-se aquecidos. Como, porém, manter-se aquecido sozinho? Um homem sozinho pode ser vencido, mas dois conseguem defender-se. Um cordão de três dobras não se rompe com facilidade.

ECLESIASTES 4:9-12

Há vários anos, uma de minhas melhores amigas precisou passar a noite em minha casa porque tínhamos um retiro de fim de semana e queríamos nos revezar no volante para dirigir até o local. Antes de pegar a estrada, precisei levar minhas filhas à escola. O que deveria ter sido um processo simples foi complicado naquela manhã. Uma de minhas filhas quebrou a perna e, para resumir, isso representou um enorme desafio para a família durante vários meses. Naquela manhã em particular, ela não queria ir à escola e me disse que estava sentindo que não deveria ir. Mais tarde, quando finalmente demos início à viagem, perguntei a mim mesma em voz alta se conseguiria travar aquela batalha sozinha. Minha amiga querida me lembrou que eu não estava sozinha. Então, em vez de me julgar por não ter controle sobre as minhas filhas nem sobre as minhas próprias emoções (eu temia que minha amiga pudesse fazer isso), ela me ofereceu apenas compreensão e a garantia de que, diante daquela situação complexa, aos seus olhos, eu havia mantido intacto o meu status de supermãe.

Juro que não sou uma super-heroína, mas aceitei essa graça e tomei posse. E há pouco tempo, quando passei por uma outra experiência frustrante em um manhã parecida com aquela, com a mesma filha, não pensei duas vezes antes de contar tudo para a minha amiga, incluindo o fato de ter perdido a paciência de um modo horrível. Mais uma vez, suas palavras de compreensão e encorajamento demonstraram como ela me conhece e me ama, assim como ama minhas filhas. Ao ouvi-la falar a verdade com amor, relaxei e meu coração ficou menos dolorido. Agradeci a ela por estar sempre por perto (sempre no meu time!) e agradeci a Deus por me dar uma fiel companheira nessa difícil tarefa de criar filhos.

Deus, obrigada por colocar pessoas em minha vida que apoiam minha maternidade e ajudam a carregar o fardo de criar essas crianças. Obrigada pelos parceiros que assumem comigo esse processo, que me impedem de perder a cabeça. Tu sabes que eu nem sempre senti que tinha alguém para me apoiar, então sou ainda mais grata por ter alguém agora. À medida que as crianças amadurecem, e nós também, ajuda-nos a continuar compreendendo, apoiando e encorajando uns aos outros. Ajuda-nos a sermos gentis e respeitosos, mesmo quando discordamos acerca do que é melhor para nossos filhos. E, por favor, mostra-nos maneiras de incentivarmos uns aos outros em nossa jornada como pais. Amém.

Deus,
ajuda-me a confiar
em ti para manter
o mundo girando,
mesmo quando eu parar
para descansar.

35
Quando é preciso escolher as batalhas

> *O exercício físico é de pouco proveito; a piedade, porém, para tudo é proveitosa, porque tem promessa da vida presente e da futura.*
>
> 1TIMÓTEO 4:8

"Coma o brócolis e pare de reclamar!"

"Não se esqueça de escovar os dentes. E de pentear o cabelo!"

"É melhor você arrumar essa bagunça antes que eu volte aqui."

Sou profissional em me ocupar com as pequenas coisas, escolhendo lutar *todas* as batalhas ao mesmo tempo. Faço intermináveis listas e crio expectativas que sem querer abrem um abismo entre mim e as minhas filhas. Quando eu era mãe de primeira viagem, dedicava toda a minha energia para me tornar perfeita e criar filhas perfeitas sem perceber que cada pedacinho daquele objetivo ambicioso era impossível de ser realizado. Evidentemente, amadureci, mas ainda é um desafio lembrar que as palavras e as ações mais acertadas não são meu objetivo final; em vez disso, podem ser indicadores do estado do meu coração. Assim como Deus está mais preocupado com a saúde do nosso coração do que com as regras que devemos seguir ou com o andamento das nossas listas, priorizar a saúde emocional e espiritual dos nossos entes queridos levará nossa família para muito mais perto da piedade do que um quarto limpo e arrumado jamais poderia fazer.

Deus, obrigada pelo privilégio de ser mãe. Obrigada por confiar a mim a educação de meus filhos a respeito das coisas que mais importam. Por favor, ajuda-me a focar no que é de fato importante e benéfico, em vez de gastar energia para que minha criança faça o que eu quero e acabe me perdendo nos detalhes. Enche-me de ternura e de afeto que não diminua diante de nossas batalhas diárias, ainda que elas não se comportem conforme as minhas expectativas. E obrigada por me demonstrar carinho eterno e graça sem fim, mesmo quando meu próprio comportamento não ajuda a atender a uma única expectativa ou a cumprir os itens das minhas listas. Obrigada por me amares tanto assim. Ajuda-me a compartilhar esse amor com minhas filhas. Amém.

36

Quando a preocupação é a primeira reação

Portanto eu lhes digo: não se preocupem com suas próprias vidas, quanto ao que comer ou beber; nem com seus próprios corpos, quanto ao que vestir. Não é a vida mais importante do que a comida, e o corpo mais importante do que a roupa? Observem as aves do céu: não semeiam nem colhem nem armazenam em celeiros; contudo, o Pai celestial as alimenta. Não têm vocês muito mais valor do que elas? Quem de vocês, por mais que se preocupe, pode acrescentar uma hora que seja à sua vida?

MATEUS 6:25-27

Meu primeiro instinto quando me deparo com qualquer dilema é me preocupar. Posso dizer que estou tratando de determinado assunto e fazendo planos para lidar com isso, mas a verdade é que fico tentando controlar a situação, pensando de diversas perspectivas e analisando todas as possibilidades. A verdade é que fico preocupada. E embora tenha melhorado um pouco em relação a me preocupar menos e a confiar mais em Deus, tornar-me mãe trouxe de volta minhas preocupações com força total.

Jesus disse que não devemos ter preocupações, seja com nossa vida, com o que comer ou o que vestir. Ele não incluiu especificamente nossos filhos na lista, mas suspeito que ele também não quer que nos preocupemos muito com eles. E faz sentido quando lemos o restante do texto. Deus cuida dos pássaros e das flores, então é óbvio que cuidará também de nós. Sabendo disso, podemos relaxar e descansar com mais tranquilidade. Quando ouvimos Jesus dizer que a preocupação não resolve nada, podemos ficar mais serena e confiar a ele nossos filhos. Não é fácil para nenhuma mãe, mas Deus cuidará de nossas crianças, e nos ajudará a ficar menos preocupadas.

> *Querido Deus, obrigada por amares tanto a nós e a nossos filhos. Sei que, se cuidas tão bem das aves do céu e das flores do campo, certamente cuidarás de nós também. Mas às vezes eu me esqueço. E às vezes penso que, se puder antecipar cada coisa que pode dar errado, posso também evitar que elas aconteçam. Por favor, perdoa-me por me esquecer de que não estou no controle. Ajuda-me a lembrar a verdade e a confiar mais em ti. Ajuda-me a me preocupar menos, Senhor. Amém.*

37
Quando a maternidade cansa

E não nos cansemos de fazer o bem, pois no tempo próprio colheremos, se não desanimarmos.
Gálatas 6:9

Já ouvi muitas vezes que ser mãe ou pai de crianças maiores causa um "tipo diferente de cansaço". Agora que minhas filhas quase nunca acordam no meio da noite, já sabem preparar o próprio café da manhã e em geral conseguem escolher uma roupa limpa para vestir, eu entendo. Porque, embora eu não precise trocar um monte de fraldas ou preparar várias mamadeiras durante o dia, preciso, por outro lado, estar pronta para responder a um punhado de perguntas (ao menos as que sei), rebater dezenas de argumentos e pesquisar uma infinidade de letras de músicas, referências de filmes, aplicativos de rede social, matérias escolares e acampamentos de verão. Além disso, tem também a disciplina, as responsabilidades, as atitudes e as profundas questões filosóficas que nos ocuparão até tarde da noite, chegando a ultrapassar a hora de ir para cama, e, sim, é bastante cansativo!

Mais uma xícara de café ou alguns exercícios de respiração profunda podem parecer boas ferramentas para sobreviver a essa fase, mas o ideal é confiar no amor paciente e perseverante que Deus tem por nós, e no amor que ele nos deu por essas crianças. Só então passaremos mais tranquilamente por mais uma rodada de perguntas do tipo: "Por que preciso tomar outro banho?", "Você acha que os super-heróis acreditam em Deus?", ou até: "Vou te contar todos os detalhes da minha partida de videogame de novo."

Meu Deus, estou tão cansada! Meu corpo está cansado, mas minha mente e meu coração estão exaustos. Não sei se aguento mais uma pergunta, mais um debate, mais uma discussão, mais um dilema a ser resolvido. Tem certos dias em que só quero desistir. Estou esgotada e desgastada; não tenho mais nada para lhes oferecer, Senhor. Tu podes me ajudar? Dá-me a força e a paciência de que preciso para continuar, para perseverar no cuidado com os meus filhos, para prosseguir fazendo o bom trabalho que tu me confiaste. Ajuda-me a fixar meus olhos na colheita para que eu possa continuar plantando e nutrindo hoje. Amém.

38
Quando você chega à exaustão

*Venham a mim, todos os que estão cansados e
sobrecarregados, e eu lhes darei descanso.
Tomem sobre vocês o meu jugo e aprendam de mim,
pois sou manso e humilde de coração,
e vocês encontrarão descanso para as suas almas. Pois
o meu jugo é suave e o meu fardo é leve.*

MATEUS 11:28-30

Se existe uma coisa que todas as mães do mundo sentem é cansaço. Não importa quantos filhos você tenha, não importa que tipo de trabalho faça, não importa onde mora, sua aparência ou que tipo de carro dirige: se você é mãe, é provável que esteja cansada. E não fica só no cansaço... depois tem o desgaste, a fadiga e, enfim, a exaustão total.

O cansaço é temporário. É um inevitável efeito colateral de ter que transformar nossas crianças em pessoas maduras, cujas necessidades parecem ser mais exigentes durante as primeiras horas do dia ou tarde da noite. O cansaço é o resultado óbvio de conciliar trabalho e casa, família e responsabilidades pessoais. Mas a exaustão se instala quando nunca conseguimos fazer uma pausa entre todas as coisas que nos cansam. A fadiga penetra em nossa alma como o cansaço se entranha em nosso corpo. E quando nos encontramos naquele estado de absoluta exaustão e cansaço, o único que é grande, terno e forte o suficiente para aliviar esse fardo é o próprio Deus. Ele pode — e o fará. Só precisamos pedir.

Deus, estou exausta. Tão cansada! Sinto que estou sempre correndo, fazendo malabarismos, rodando para lá e para cá até ficar tonta; e então, depois de cair, tenho que me levantar e recomeçar o ciclo. Mas sei que tu me prometeste descanso; tu prometeste me levantar se eu cair e me dar apoio se eu desfalecer. Então, Deus, eu venho a ti hoje e peço que me segures. Mostra-me em que áreas preciso estabelecer novos limites, e de que modo posso fazer uma pausa e respirar. Ajuda-me a confiar em ti para manter o mundo girando, mesmo quando for preciso que eu pare para descansar. Obrigada, Senhor. Amém.

39
Quando a raiva vence

> *Meus amados irmãos, tenham isto em mente: Sejam todos prontos para ouvir, tardios para falar e tardios para irar-se, pois a ira do homem não produz a justiça de Deus.*
>
> TIAGO 1:19-20

Recentemente, ouvi uma amiga dizer que nunca grita com os filhos, e que em geral não tem o hábito de gritar. Fiquei meio sem resposta porque, ao contrário dela, eu grito o tempo todo com minhas filhas. Também reviro os olhos com certa frequência e muitas vezes choro por estar frustrada. E se bater portas queimasse calorias, eu precisaria recarregar carboidratos dia sim, dia não. É fato que educamos nossos filhos de maneiras diferentes, e sei que a raiva em si não é um pecado. Mas, desde aquela conversa, tenho pensado em como as explosões de raiva quase sempre só servem para produzir mais ira e discórdia antes que possamos chegar a qualquer resolução saudável.

As emoções não são boas ou ruins, e expressar nossos sentimentos com sinceridade é melhor do que reprimi-los o tempo todo. Então, para minhas colegas mães que têm o hábito de gritar, não pensem que estou dizendo que isso faz de você uma mãe ruim. Só estou dizendo que liberar indiscriminadamente nossa raiva (e dar este exemplo para nossos filhos) não apenas não resolve problema algum, como também nos afasta da vida que Deus deseja para nós. Posso ter um temperamento explosivo, mas estou pedindo hoje a Deus que me ajude a gritar menos para estar mais perto da mãe que ele me criou para ser.

Deus, perdão por ter gritado outra vez. Perdão por ser rápida para explodir e tão lenta para te ouvir, assim como aos meus entes queridos. Perdoa-me, Senhor, e, por favor, ajuda-me a evoluir nessa área. Quando estiver enfrentando situações difíceis, molda minha alma para que eu tenha tranquilidade para encontrar soluções em vez de fazer julgamentos precipitados e produzir mais desordem. Dá-me paciência e autocontrole, e protege-me da raiva que ameaça me dominar e desviar. Amém.

40
Quando você precisa de uma amiga

*O amigo ama em todos os momentos;
é um irmão na adversidade.*

PROVÉRBIOS 17:17

Uma de minhas antigas colegas de trabalho favoritas mora na mesma pequena cidade que agora chamo de lar. Embora tenhamos celebrado quando minha família se mudou para cá, há cinco anos, posso contar nos dedos de uma das mãos o número de vezes que nos vimos desde então — e uma dessas vezes foi um encontro casual no mercadinho. Arranjar tempo e espaço para os amigos é difícil para todas nós, mães, não é mesmo? O simples fato de estender a mão para alguém pode parecer intimidador, e mesmo quando temos coragem para enviar uma mensagem ou atravessar a rua para nos encontrar com uma pessoa, nossos problemas com a amizade não são resolvidos tão facilmente.

Tudo, desde uma agenda lotada até diferentes filosofias na educação dos filhos, pode nos manter isoladas de outras mães, mesmo que saibamos que, para educar uma criança, é preciso colaboração entre muitas pessoas. Como encontrar as mães e amigas que desejamos? Como encontrar tempo para elas? Como enfrentar os desafios das amizades adultas? Começamos pedindo a Deus que nos ajude. É assim. Ele nos criou intencionalmente com esse desejo de companheirismo e de criar uma comunidade, então, é certo que nos ajudará se lhe pedirmos coragem e criatividade para encontrar amigos ou reservar tempo para os que já temos.

> *Deus, eu estou sozinha. Sinto falta dos dias em que passava horas com uma amiga ao telefone ou tomando um café. Me lembrar disso parece até um conto de fadas. Mas não preciso de festas ou de uma noitada semanal só com mulheres. Só estou pedindo alguém que me entenda, que compartilhe minha vida e que, de vez em quando, tenha alguns minutos para me ouvir reclamar e para me encorajar. Por favor, envia-me uma amiga, Deus, e dá-me a ousadia para cultivar sua amizade e o compromisso e a compaixão para mantê-la. Sei como é importante passar tempo com aqueles que me incentivam e me apontam na tua direção. Por favor, envia-me uma amiga, Deus, e faça de mim uma boa amiga para essa pessoa. Amém.*

Deus,
ajuda-me a fixar
meus olhos na colheita
para que eu possa
continuar plantando e
nutrindo hoje.

Mudar de marcha e de faixa

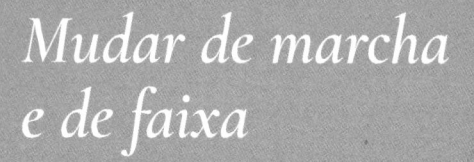

*Entro no carro para levar minha filha de sete anos para a escola, ligo o rádio e está tocando uma música antiga que eu gostava de ouvir.
Ela pergunta:
— Mamãe, o que significa "diggity"?
— Ahh, não tenho certeza — respondo, sem pensar muito.
Em seguida, me lembro do restante da letra da música de "No Diggity", do Blackstreet, e desligo o rádio.*

41
Quando é preciso escolher a escola dos filhos

Se clamar por entendimento e por discernimento gritar bem alto, se procurar a sabedoria como se procura a prata e buscá-la como quem busca um tesouro escondido, então você entenderá o que é temer ao Senhor e achará o conhecimento de Deus.

PROVÉRBIOS 2:3-5

A maternidade pode parecer um questionário sem fim, porque somos bombardeadas por questões sobre temas que nem fazíamos ideia de um dia precisar estudar. E uma pergunta que aparece várias vezes ao longo dos anos parece uma das mais cruciais: como lidar com a escola? A partir do momento que decidimos matricular nossos pequenos na pré-escola, estamos o tempo todo diante da obrigação de descobrir uma maneira de garantir o melhor aprendizado.

Em alguns países, as mães podem escolher entre escola pública, particular ou ensino domiciliar. E há a dúvida se as atividades extracurriculares são necessárias. Há ainda as que se preocupam se os vizinhos podem cuidar de seus filhos até elas chegarem em casa depois do trabalho. E muitas de nós participamos de reuniões e buscamos conselhos para problemas que não sabíamos que teríamos de enfrentar. Em tudo isso, tentamos equilibrar o que é melhor para nossos filhos com o que é possível para nossas famílias. Parece ser uma tarefa com peso excessivo! Mas Deus promete nos dar sabedoria, com ou sem um diploma em pedagogia ou psicologia infantil. Ele vai ao nosso encontro exatamente onde estamos, com a família que temos e na situação que estamos enfrentando.

Então, quando você estiver se sentindo confusa ou sobrecarregada diante de tantas opções, pare um momento para respirar e peça a Deus para guiá-la. Ele lhe dará a sabedoria de que você precisa.

> *Deus, eu não sei o que fazer. Sou grata por ter muitas opções, mesmo que algumas me pareçam desconfortáveis ou impossíveis. Mas estou confusa a respeito do que é melhor, o que é necessário e o que é apenas opcional. Podes me ajudar? Conduze-me aos recursos que podem me auxiliar nesse caminho; aponta-me a melhor direção para nossa família, de acordo com os teus planos. Eu sei que tu amas minhas filhas ainda mais do que eu. Por favor, mostra-me o caminho correto para elas neste momento. Amém.*

42
Quando eles precisam de amigos

*Levem os fardos pesados uns dos outros
e, assim, cumpram a lei de Cristo.*
GÁLATAS 6:2

Gostaria de acreditar que sempre terei palavras de conforto, conselhos sábios, abraços ou mesmo aquele chá quentinho que minhas filhas tanto apreciam quando enfrentam dificuldades. Gostaria de acreditar que, à medida que forem crescendo, elas continuarão recorrendo a mim sempre que precisarem de ajuda, conforto, orientação ou força. Mas sei que isso nem sempre será assim. Sei que provavelmente chegará o dia em que não estarei presente ou elas realmente precisarão da perspectiva ou do apoio de alguém da idade delas — alguém que as "entenda".

Quando esse dia chegar, oro para que minhas filhas tenham uma ou duas amizades nas quais possam se apoiar. Estou orando sempre para que encontrem pessoas como elas, que vão entendê-las e aceitá-las, mas também ajudá-las para que façam escolhas boas e saudáveis. Não poderemos ser os únicos apoiadores de nossos filhos para sempre; eles precisarão de amigos, ainda mais conforme forem ficando mais velhas. Vamos orar por esses amigos, e quando eles aparecerem, recebê-los em nossa família e confiar que serão fiéis aos nossos filhos tanto nos momentos bons quanto nos difíceis.

Deus, obrigada pelas amizades, pela força e pelo conforto que elas podem proporcionar. Por favor, providencia para nossos filhos bons amigos, pessoas que os entendam, se preocupem com eles e os apoiem ao longo dos anos. Especialmente quando a vida se tornar desafiadora ou confusa, Senhor, peço que tu cerques nossos filhos de amigos que forneçam apoio inabalável e conselhos sábios. Mostra-lhes como buscar amizades saudáveis, como ser bons amigos para os outros e nutrir as amizades que tu proporcionas. Amém.

43
Quando seus filhos se machucam

Aquele que habita no abrigo do Altíssimo e descansa à sombra do Todo-poderoso pode dizer ao Senhor: Tu és o meu refúgio e a minha fortaleza, o meu Deus, em quem confio.

SALMOS 91:1-2

"Estamos chamando uma ambulância. Qual hospital você prefere?" Essa é uma ligação que nenhuma mãe gostaria de receber. Aliás, a maior parte das mães poderia preencher vários cadernos com uma lista das ligações e notícias que jamais gostaria de receber. Ainda mais quando se trata de possíveis ameaças à segurança de nossos filhos. Quando atendi ao telefone naquele dia e soube que minha filha havia quebrado a perna em um passeio escolar, no mesmo instante comecei a enviar mensagens de texto para todos: pedia a uma amiga para cuidar da minha filha caçula, a minha mãe para me encontrar no hospital e a outras amigas para orar. Só quando entrei no carro e dei início à mais longa viagem de vinte minutos da minha vida é que me lembrei eu mesma de orar.

No entanto, ainda que eu tenha demorado para recorrer ao Senhor, ele estava bem ali, esperando para me abraçar e me assegurar de que estava fazendo o mesmo por minha filha. É óbvio que eu preferiria que ela nunca se machucasse, mas sou grata por me lembrar de que, mesmo quando enfrentamos grandes perigos aqui na terra, podemos encontrar refúgio no Senhor Altíssimo. Não importa quão seguros nossos filhos estejam, Deus está com eles. Só ele pode protegê-los, e assim fará.

Deus, por favor, mantém nossos filhos seguros. Por favor, guarda-os de perto e protege-os de todos os ataques deste mundo decaído. E quando eles se machucarem, o que eu sei que é inevitável, fica com eles. Cobre nossos filhos com tua misericórdia e teu poder curador. Que permaneçam fiéis à verdade do teu amor. Ajuda-os a confiar em ti em todas as circunstâncias. E por favor, faz o mesmo por mim: mantém minha vida segura para que eu possa cuidar de minhas filhas enquanto precisarem de mim. Protege-me, mantendo-me sempre perto delas. Ajuda-me a lembrar que tu estás comigo, não importa o que aconteça. Amém.

44
Quando você é grata pelos professores

> *Portanto, meus amados irmãos, mantenham-se firmes, e que nada os abale. Sejam sempre dedicados à obra do Senhor, pois vocês sabem que, no Senhor, o trabalho de vocês não será inútil.*
>
> 1CORÍNTIOS 15:58

Às vezes, quando penso nos professores dos meus filhos, fico tão emocionada que poderia até chorar. Bem, talvez eu seja mais emotiva do que você, mas tenho certeza de que em um ponto concordamos: o impacto que os adultos e as figuras de autoridade têm sobre a vida de nossos filhos nunca é exagerado. Os treinadores, instrutores, conselheiros e mentores que eles vão encontrando ao longo dos anos os alcançam e influenciam de maneiras que os pais nem sempre conseguem. (Afinal, quem nunca se frustrou ao ver um filho ignorar um conselho que lhe demos e vê-lo seguindo o mesmo conselho quando oferecido por outra pessoa?)

Qualquer um que instrua, invista e se conecte com os jovens enfrenta enormes desafios, e corre o risco de cair na exaustão e no esgotamento. Embora minha gratidão pelos tantos líderes bondosos, encorajadores e talentosos na vida de meus filhos seja ilimitada, a maioria dos pais aprendeu de maneira bastante dura que nem todos os líderes estão preparados para exercer sua função. Então, quando orarmos por nossos filhos que estão na escola, praticando algum esporte ou acampando, oremos também por aqueles adultos que os acompanham nesses ambientes. Peçamos a Deus que nossos filhos encontrem excelentes adultos que exerçam sobre eles uma influência positiva, e peçamos também que ele encoraje e fortaleça as pessoas que se dedicam a ajudar as crianças e os jovens.

Deus, obrigada pelos adultos que fazem a diferença na vida de meus filhos. E quando me sentir sozinha, por favor, abre meus olhos para ver e apreciar as outras pessoas que fazem parte de nossa equipe. Sei como pode ser desgastante estender as mãos e se dedicar às crianças, então oro para que tu não permitas que essas pessoas se esgotem. Por favor, dá-lhes força e apoio. Lembra-os de seu chamado sagrado para influenciar os pequenos e mostra-lhes a diferença que estão fazendo. E ajuda-me a ser um apoio para eles, mostrando-lhes graça e gratidão através de minhas palavras e ações. Amém.

45
Quando eles têm personalidades únicas

> *De fato, Deus dispôs cada um dos membros no corpo, segundo a sua vontade. Se todos fossem um só membro, onde estaria o corpo? Assim, há muitos membros, mas um só corpo.*
>
> 1CORÍNTIOS 12:18-20

"Tem certeza de que não quer voltar a jogar futebol?" Já perguntei isso à minha filha mais nova pelo menos umas seis vezes. E em todas as oportunidades, ela educadamente (embora com insistência) diz: "Não, obrigada." Nós a matriculamos no futebol alguns anos atrás, quando suas duas melhores amigas também jogavam, mas, ao contrário delas, não se apaixonou pelo esporte. Ela adora ler livros sobre futebol, e um de seus programas de TV favoritos é sobre uma garota que joga futebol. Mas ela mesma jogar futebol? "Não, obrigada."

Nenhuma de minhas filhas demonstrou interesse duradouro pela maioria das coisas que amo. Foram muito decididas e persistentes ao assumir a própria identidade. E sou muito grata por isso! Embora tenha demorado um pouco para superar minhas expectativas, eu agradeço a Deus por tê-las criado tão diferentes de mim, diferentes uma da outra e diferentes de seus amigos. Como a vida seria chata se fôssemos todos iguais!

Você luta para permitir que seus filhos sejam eles mesmos? Lembre-se de que essas peculiaridades e seus talentos ou interesses incomuns fazem parte da obra-prima intencional de Deus, projetada por amor a nossos filhos, e com um grande propósito.

Deus, obrigada por criar meus filhos do jeito que tu fizeste! Eles não são quem eu esperava que fossem, mas também sei que isso não só é muito bom, mas também é uma bênção. Conheço cada parte deles — seus interesses, suas inclinações, suas formas criativas de ver o mundo. Tudo isso também faz parte de teu magnífico propósito, e eu amo todas essas singularidades. Ajuda-me a lembrar dessa bênção, Senhor, conforme lido com as diferenças que há entre eles e mim e entre seus colegas. Ajuda-me a amá-los da melhor forma. Amém.

46

Quando é preciso lembrar que Deus está sempre presente

> *O Senhor está comigo, não temerei.*
> *O que me podem fazer os homens?*
>
> SALMOS 118:6

Sentei-me no refeitório do ensino fundamental, tentando equilibrar meu corpo no banquinho duro e estreito projetado para crianças. Quer uma imagem ainda mais estranha? Lágrimas ameaçavam cair e eu respirava com dificuldade. Fui à escola para uma reunião a respeito da próxima excursão escolar... e me surpreendi com o medo que, de repente, tomou conta de mim. Esperava me sentir animada e nostálgica ao saber da possibilidade de minha filha fazer a mesma viagem pelo país que fiz quando estava no nono ano.

 Mais tarde, quando cheguei em casa e folheei o álbum de fotos da viagem, fazendo uma retrospectiva simples, percebi que parte da minha inesperada reação era compreensível. Eu havia viajado sem meus pais em uma excursão escolar a Washington, DC, muitos anos antes dos eventos do 11 de setembro de 2001. Embora eu tivesse a certeza de que meus pais também haviam ficado preocupados, reconheci que deixar minha filha fazer essa mesma viagem me trazia preocupações diferentes das que eles tiveram. No entanto, eu ainda queria que minha filha tivesse essa experiência, então sabia que tinha de colocar todos os meus temores, que eram bastante razoáveis, aos pés do Senhor.

Se minha mão tremia quando entreguei o formulário de inscrição? Lógico! Se precisei respirar fundo e minha voz ficou embargada quando minha filha e eu conversamos sobre o pagamento e suas possíveis colegas de quarto? Sem dúvida. E quando chegar a hora de deixá-la no aeroporto, não tenho nenhuma esperança de voltar para casa sem derramar algumas lágrimas (o mais provável é que seja um balde inteiro). Mas a minha escolha é confiar minha filha a Deus; não importa quão perto ou longe ela esteja de mim, ela nunca está fora de seu alcance.

Obrigada, Deus, por estar comigo e com meus filhos. Obrigada por prometer nunca nos deixar e sempre nos proteger. Eu confio minhas filhas a ti e as coloco com confiança em tuas mãos porque sei que tu as ama ainda mais do que eu. Eu confio que tu sempre as protegerá, guiará e mostrará o caminho a seguir enquanto elas caminham pelo mundo (e para longe de mim). Ajuda-me a confiar ainda mais em ti para que eu possa ser um exemplo para minhas filhas fazerem o mesmo. Mostra que tu estás sempre com elas e que não precisam ter medo. Dá-nos coragem para confiarmos em ti todos os dias. Amém.

47
Quando eles escolhem seus mentores

> *Lembrem-se dos seus líderes, que lhes falaram a palavra de Deus. Observem bem o resultado da vida que tiveram e imitem a sua fé.*
>
> HEBREUS 13:7

Minhas duas filhas se apegam às pessoas muito depressa. Ficam arrasadas quando os amigos se mudam, e dizer adeus a seus professores é motivo para choro todos os anos. Devo admitir que elas seguem essa tendência fielmente — ainda sou amiga no Facebook de meu professor de música do ensino médio e de uma melhor amiga que se mudou para o outro lado do país quando eu tinha dez anos. Ser assim é encantador e compreensível (pelo menos para mim), mas também é arriscado. Tornar-se apegado e fascinado por alguém de maneira tão rápida e profunda em geral significa que essa pessoa tem grande influência sobre você.

Quando penso na minha infância e nas influências de algumas pessoas em minha vida, lembro-me de alguns adultos que me encorajaram e ensinaram como seguir a Deus — e outros que não me ajudaram em nada. Minha oração por meus filhos hoje é que encontrem mais influenciadores positivos que negativos, e que sejam protegidos de influências nocivas e conduzidos até adultos responsáveis que saibam amá-los e mostrar um bom caminho. Oro para que esses mentores apareçam, que sejam perseverantes na educação, na liderança e no exemplo e que sejam abençoados por sua generosidade e fidelidade.

Querido Deus, obrigada pelos mentores e professores que foram excelentes exemplos e me ajudaram a crescer na fé. Por favor, concede aos meus filhos a mesma dádiva de contar com adultos que se importarão profundamente com eles e se comprometerão a orientá-los, mesmo que apenas por um período. Abre nossos olhos para que não percamos essas pessoas! E dá-lhes sabedoria enquanto ensinam aos nossos filhos. Dá-lhes força para te seguirem fielmente, para que tenham uma vida digna de ser imitada. Protege nossos filhos de influências prejudiciais e negativas. Aponta os melhores mentores que lhes mostrem tua bondade e teu amor. Obrigada, Deus. Amém.

48
Quando você pensa no futuro

Muitos são os planos no coração do homem, mas o que prevalece é o propósito do Senhor.
PROVÉRBIOS 19:21

"O que você quer ser quando crescer?"

Por que insistimos em fazer essa pergunta às crianças? Será que a gente de fato espera eles saibam o emprego de seus sonhos aos nove anos? Tem dias que nem eu sei o que quero ser quando crescer! Mas, por qualquer motivo, essa é uma pergunta que fazemos às crianças de todas as idades. Uma aluna do terceiro ano quer ser jogadora de basquete e cientista que estuda rochas (talvez para justificar sua coleção de pedrinhas, que não para de crescer). Por outro lado, no ensino médio, minha filha começou a perceber a enorme quantidade de opções de carreira que existem e passou a responder a essa pergunta com respostas do tipo: "Eu *não sei! Não sei!*"

Tenho o hábito de lembrá-las (e a mim mesma) de que felizmente ainda não precisamos decidir. Não apenas isso, mas também está tudo bem se mudarem de ideia e acabarem escolhendo um caminho diferente. Afinal, sabemos pelas Escrituras que Deus tem um propósito para elas, e que ele o tornará claro e acessível a seu tempo. Não importa se elas se tornarão cientistas, artistas, empresárias ou encanadoras — elas farão parte do grande plano de Deus. E isso nunca vai mudar.

Deus, obrigada por ter bons planos para cada um de nós. Tu sabes como eu gostaria de planejar a vida de meus filhos, mas confio que teu propósito para eles (e para mim) é algo melhor do que eu poderia imaginar. Enquanto meus filhos fazem planos para suas vidas, por favor, ajuda-os a manter esses sonhos e a buscar tua sabedoria e orientação a cada passo. Senhor, ajuda-me a fazer o mesmo, seguindo teus planos com fé, servindo como exemplo para eles. Ajuda-me a confiar a ti a vida deles e a minha. Amém.

49
Quando você precisa recuar

> *Irmãos, vocês foram chamados para a liberdade. Mas não usem a liberdade para dar ocasião à vontade da carne; pelo contrário, sirvam uns aos outros mediante o amor. Toda a lei se resume num só mandamento: "Ame o seu próximo como a si mesmo."*
>
> GÁLATAS 5:13-14

O verão em que minha filha mais velha decidiu economizar dinheiro para poder fazer algumas compras grandes por conta própria foi um desafio. Não porque ela teve poucas oportunidades de ganhar dinheiro e ficou um tanto obcecada sobre finanças (embora isso também me preocupasse). O desafio era permitir que ela desenvolvesse responsabilidade e independência. Em outras palavras, precisei me conter quando ela decidiu gastar suas preciosas economias em doces e adesivos, embora seu próximo trabalho como babá só fosse em três semanas.

Quando somos corrigidos ou orientados, algo

dentro de nós — crianças ou adultos — gera resistência à autoridade e sentimos vontade de gritar: "Você não manda em mim!" À medida que nossos filhos crescem e lidam com mais oportunidades e responsabilidades, eles em geral também se sentem perdidos diante das possibilidades e da liberdade. É aí que entra nosso trabalho de treiná-los para usar bem sua liberdade — de maneira saudável e que honre Deus e ajude o próximo — ao mesmo tempo que vamos, aos poucos, deixando que eles assumam as rédeas da vida. Isso parece muito difícil, mas acho que nosso Pai celestial deve saber alguma coisa sobre como permitir que seus filhos façam as próprias escolhas. Ele nos guiará.

> *Deus, obrigada pelas minhas filhas, que estão crescendo de modo tão bonito. Elas são tão incríveis — inteligentes, gentis, talentosas e amorosas. Mas ainda são crianças. E assim como eu até hoje cometo erros enquanto aprendo, elas também estão destinadas a se confundir. Não quero que sejam feridas por más escolhas, Senhor. Não quero que sofram ou passem por dificuldades. Confesso que às vezes gostaria de poder ditar todos os seus movimentos pelo resto de suas vidas. Tudo bem, isso não é bem verdade — eu quero vê-las crescer, aprender com a vida e voar. Ajuda-me a treiná-las nessa fase em que estão testando suas asas.*

Ajuda-me a continuar ensinando quando quiserem me ouvir e a segurar minha língua quando precisarem apenas do meu apoio silencioso. Ajuda-me a ser sempre um porto seguro para elas pousarem, assim como tu és é para mim. Amém.

50
Quando é hora de deixar partir

> *Para tudo há uma ocasião, e um tempo*
> *para cada propósito debaixo do céu:*
> *tempo de nascer e tempo de morrer, tempo de plantar*
> *e tempo de arrancar o que se plantou [...]*
> *tempo de chorar e tempo de rir, tempo*
> *de prantear e tempo de dançar.*
>
> ECLESIASTES 3:1-2,4

Outro dia, levei minha filha à piscina para nadar com uma amiga. Depois de conversar com a mãe de sua amiga por alguns minutos, virei-me para ir embora. "Tchau!", disse à minha filha. "Estarei de volta em uma hora, mais ou menos." Minha filha mal olhou na minha direção e não veio correndo para me dar um abraço. O que faz sentido: ela tem 13 anos. Mas, por um momento, tudo que pude *ver* (além das costas dela, enquanto retomava sua conversa muito importante com a amiga) era a imagem de quando a deixei na creche, bem mais novinha, chorando até soluçar. E depois também na pré-escola e até no jardim de infância, ocasiões nas quais repetiu o comportamento.

Ela não é mais aquela garotinha. E isso é bom! Nosso objetivo, afinal, é educar nossos bebês para que se tornem adultos fortes e independentes, que saiam de casa e se virem sozinhos. Certo? *Certo.* Nossos filhos vão crescer. E eles estão nesse processo (quer gostemos ou não). Deus está aqui para nos ajudar em cada mudança, cada fim de etapa, cada adeus dado enquanto nossos filhos fazem exatamente o que devem fazer: crescer.

> *Deus, obrigada por todas as oportunidades que ofereces para que nossos filhos aprendam e cresçam. É incrível vê-los virarem pessoas de verdade, confiantes e curiosas a respeito de tudo que o mundo oferece. Mas, como tu bem sabes, também é difícil vê-los crescer! É difícil vê-los indo para a escola, para o acampamento, para um novo emprego ou para um primeiro encontro — embora nos sintamos tão orgulhosas deles. Eu já sinto a falta de minhas filhas, e elas ainda nem saíram de casa! Mas eu sei que um dia elas partirão, começarão suas próprias vidas e levarão meu coração com elas. Ajuda-nos, Senhor. Dá-nos coragem para começar a deixar nossos filhos partir. Dá-nos sabedoria para aprender a ser bons pais a cada novo estágio e ajuda-nos a confiar completamente em ti. Amém.*

Deus,
ajude-me a ser sempre
um lugar seguro
para meus filhos
aterrarem, assim como
tu és para mim.

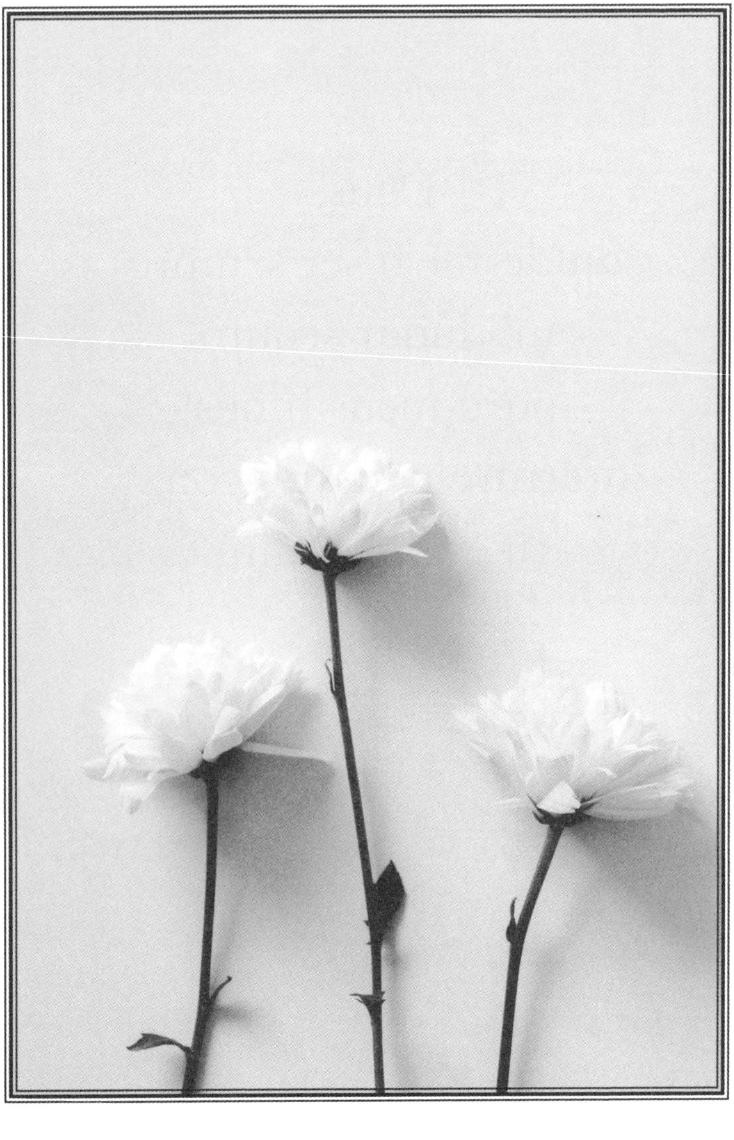

Uma última observação

Bem, amiga, chegamos ao fim (embora todos saibamos que a vida de uma mãe nunca termina de verdade). Independentemente se você procurou o que lhe parecia importante em determinado momento, pulando os capítulos, ou se foi lendo do primeiro capítulo ao último, espero que tenha encontrado um pouco mais de paz do que havia em seu coração antes de abrir seu exemplar de *Orações poderosas para mães ocupadas*.

Como você deve ter notado, ao compartilhar algumas histórias, eu não tinha planejado todos os detalhes. E para nossos propósitos aqui, *isso* (não estar preparada para tudo) pode representar a maternidade: andar na fé, confiar a Deus o que (ou quem) eu mais valorizo no mundo... ou todas as opções juntas! A caminhada é difícil, e eu estou tão propensa quanto qualquer pessoa a ficar estressada ou me sentir desorientada. Posso garantir.

Por isso mesmo escrevi este livro — para você e para mim. É imperativo que nos voltemos sempre para Deus. Sempre que sentirmos o pânico crescer; sempre que sentirmos o peso da dúvida, do medo e até da vergonha. É por isso que Deus sempre nos convida à sua presença, onde quer que dediquemos um momento para fechar os olhos e respirar: no banheiro, no quarto ou mesmo no carro, quando precisamos demorar mais uns minutos no estacionamento.

Quer estejamos lendo uma oração escrita por outra pessoa, sussurrando as palavras mais pessoais e vulneráveis que mal acreditamos conseguir dizer em voz alta ou apenas deixando lágrimas correrem pelo rosto, suspiros ou gritos de frustração que engolimos — toda vez que nos voltarmos para Deus, ele estará lá.

Então, hoje, ao abrir novamente a maçaneta da porta e se preparar para enfrentar suas crianças, sua vida e seus desafios, sinta mais uma vez a presença de Deus com você. Que você cresça na sabedoria e na força que ele oferece, lembrando-se de que ele a criou para este momento e lhe dará tudo que você precisa. Que você seja cheia da alegria do Senhor até que, mais uma vez, encontre tempo para orar, por mais ocupada que esteja.

DIREÇÃO EDITORIAL
Daniele Cajueiro

EDITOR RESPONSÁVEL
Omar Souza

PRODUÇÃO EDITORIAL
Adriana Torres
Daniel Dargains

REVISÃO DE TRADUÇÃO
Alice Cardoso

REVISÃO
Júlia Ribeiro

CAPA, DIAGRAMAÇÃO E PROJETO GRÁFICO
Adriana Moreno

Este livro foi impresso em 2024, pela Santa Marta, para a Novo Céu. O papel do miolo é avena 80g/m² .

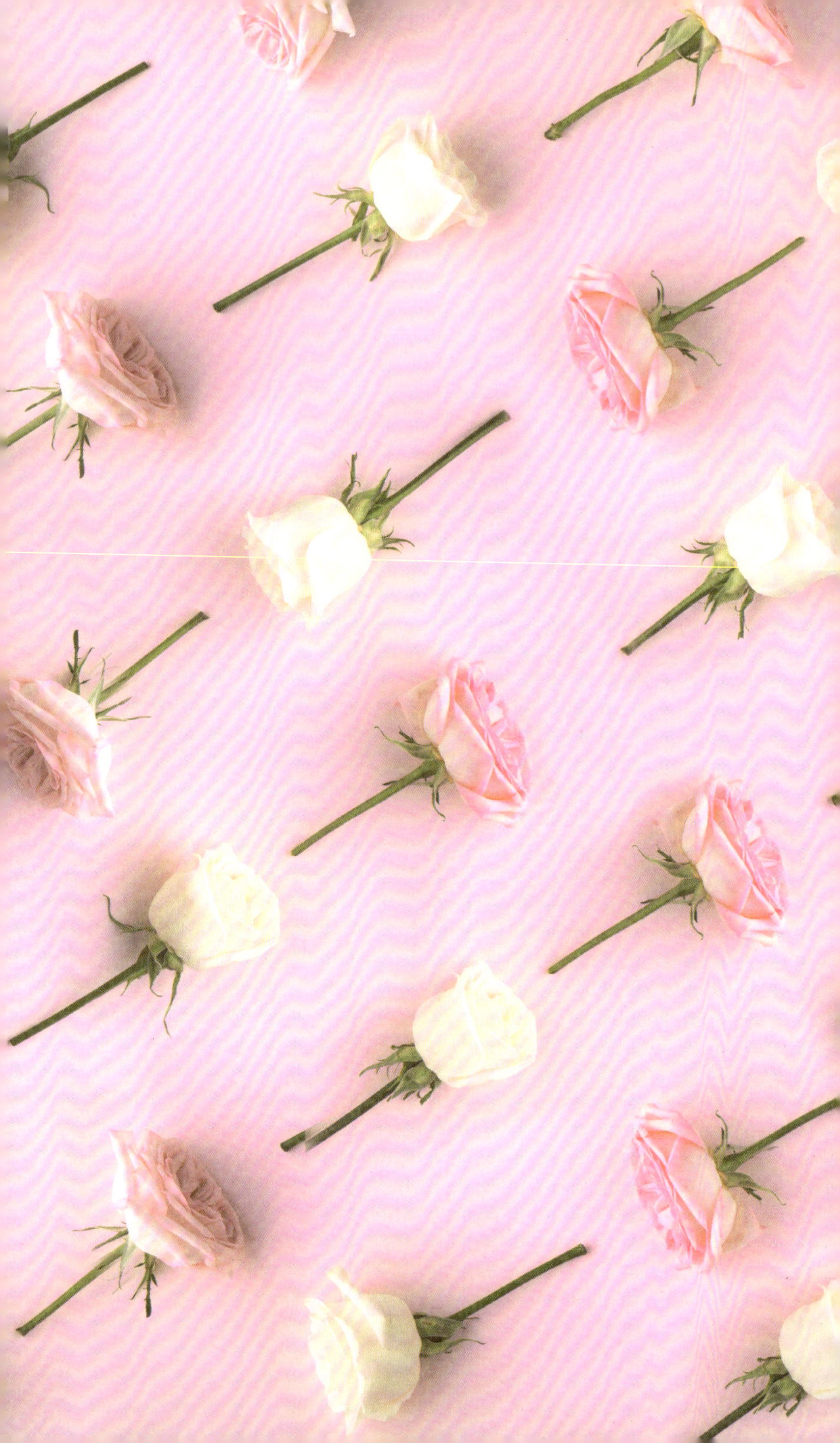